Christine Merian-Genast

Die Gestalt des Künstlers
im Werk Conrad Ferdinand Meyers

Europäische Hochschulschriften

Publications Universitaires Européennes
European University Papers

Reihe I

Deutsche Literatur und Germanistik

Série I   Series I

Langue et littérature allemandes
German language and litterature

Bd./vol. 74

Christine Merian-Genast

Die Gestalt des Künstlers
im Werk Conrad Ferdinand Meyers

Peter Lang Frankfurt/M.
Herbert Lang Bern
1973

Christine Merian-Genast

Die Gestalt des Künstlers im Werk Conrad Ferdinand Meyers

Herbert Lang Bern
Peter Lang Frankfurt/M.
1973

ISBN 3 261 00805 9

Druck: Lang Druck AG, Liebefeld/Bern (Schweiz)

INHALTSVERZEICHNIS

VORWORT

Diese Dissertation ist keine rein literaturwissenschaftliche Untersuchung der Künstlergestalten in Meyers Werk, sondern eher eine psychologische Analyse von Meyers Künstlertum anhand seiner Künstlergestalten. Die verwendete Interpretationstechnik ist keine rein literarhistorische, sondern eine psychoanalytische im Sinne von Freuds "Traumdeutung". Traum und Dichtung sind von unzähligen Dichtern gleichgesetzt worden, besonders in der Romantik, und die Analyse der dichterischen Stoffverarbeitung ergibt tatsächlich, dass diese nach denselben Gesetzen vorgeht wie die Traumarbeit. Beide haben die Aufgabe, Ideen und Gefühle in bildlicher Sprache auszudrücken und in Szenen umzusetzen, und sie benützen dazu die gleichen Mittel: Symbole, Metaphern, Gleichnisse, Typengestalten, Personenverschmelzung und -spaltung usw. Der einzige Unterschied ist der Grad der Bewusstheit, denn während die Traumarbeit sich ganz im Unbewussten abspielt, formt der Dichter die vom Unbewussten aufsteigenden Inhalte nach bewussten Formgesetzen, die allerdings auch von der grossenteils unbewussten Struktur seiner Person bestimmt sind. Es ist daher naheliegend und berechtigt, die Technik, die Freud für die Deutung der Manifestationen des Unbewussten entwickelt hat, bei der Interpretation der Dichtung zu verwenden.

Die enge Beziehung zwischen unbewusster und bewusster Produktion weist darauf hin, dass der Geist mit Seele und Körper in einer unauflöslichen Einheit verbunden ist — er ist nichts anderes als die bewusstgewordene Person. Das bedeutet, dass die Gesamtstruktur in jedem Teil aufzuspüren ist, wenn auch in anderen Proportionen. Theoretisch spielt es daher keine Rolle, welchen Teil man analysiert, das Ergebnis bleibt im wesentlichen dasselbe; aber praktisch wird man denjenigen Teil wählen, in dem die Proportionen am ausgewogensten sind und jede Einzelheit deutlich hervortritt. Da nun Meyer in seinem Leben bewusst die Rolle spielte, die seine altzürcherische Umgebung von ihm erwartete — "O wie gut, dass niemand weiss, dass ich Rumpelstilzchen heiss'!", sagte er in unbewachten Augenblicken[1] — so kann man seine wahre Individualität nur in seiner Dichtung finden. Die Gestalt des Künstlers ist für die Analyse besonders lohnend, denn in ihr spiegelt sich natürlicherweise seine komplexe Person, die er vor der Welt verbarg. Der Blick muss dabei im wesentlichen auf Meyer beschränkt sein, da sich ein vollständiges Bild nur ergibt, wenn man innerhalb seiner Welt bleibt und ihre Struktur systematisch untersucht; geistesgeschichtliche Zusammenhänge und

---

1 Betsy 183

künstlerisch-technische Probleme — wie philosophische Strömungen, historische Vorbilder, Quellen, Motive uä. — werden nur einbezogen, wenn sie zum Verständnis notwendig sind.

Die Einheit von Geist, Seele und Körper bedingt auch, dass jede Veränderung in einem Teil eine Veränderung in den andern nach sich zieht und dass die Steigerung des einen nur durch die Steigerung aller Teile zu erreichen ist. Jeder Versuch, den Geist zu isolieren und gesondert zu entwickeln, ist nicht nur unmöglich, sondern auch schädlich und kann zur Zerstörung der Person führen. Dies war das Schicksal C.F. Meyers: seine Zwiespältigkeit — ein Alltagsleben als braver Bürger aus einem Zürcher Patriziergeschlecht einerseits und ein ungebundenes Phantasieleben als Dichter andrerseits — ist das Ergebnis seiner Entscheidung, seine Probleme in seiner Dichtung, d.h. im Geistigen zu lösen. Im Seelischen und Körperlichen unterwarf er sich dem Schema, das ihm sein Überich, d.h. die zu eigen gemachten Forderungen seiner Mutter und ihrer Freunde in Préfargier, diktierte. Die Folge war, dass er seelisch und körperlich erstarrte, was in seiner zunehmenden Fettleibigkeit auch äusserlich in Erscheinung trat. Seine Entwicklung als Dichter, d.h. seine geistige Entwicklung, geriet immer mehr in unauflösbare Widersprüche und ins Extreme, da ihr der lebendige Grund fehlte und die Massstäbe verloren gingen; Lebensprobleme lassen sich nur durch Ausleben lösen, sie sind geistig, d.h. logisch, unlösbar. Statt der angestrebten Integration seiner Person wurde ihr Zerfall immer unaufhaltsamer, bis schliesslich der Zusammenbruch ihr Ende brachte. Die Entstehung dieser Spaltung, ihre Ausbildung und zerstörende Wirkung ist der eigentliche Gegenstand der Dissertation.

Die psychoanalytische Analyse der Künstlerfigur im Werk Meyers dient also als Grundlage, um die künstlerische Entwicklung und damit sein Künstlertum zu ermitteln. Auch hier zeigt sich die Spaltung in der Diskrepanz zwischen der schematischen Behandlung der Randfiguren, die sich als Typisierung äussert, und der individuellen Gestaltung weniger Hauptfiguren, die solche Künstler als mehr oder weniger verhüllte Selbstporträts erscheinen lässt. Die Typologie eröffnet einen Blick in die vom Überich geprägte Weltanschauung des Dichters, während die individuellen Künstlergestalten seine persönliche Entwicklung beleuchten. Künstlertypen und Künstlergestalten werden deshalb in zwei getrennten Kapiteln behandelt. In einem einleitenden Kapitel werden die biographischen Voraussetzungen dargelegt, ohne die eine zusammenhängende und einleuchtende Darstellung unmöglich wäre. Der Schluss endlich soll die Ergebnisse der Dissertation zusammenfassen.

EINLEITUNG: DIE BIOGRAPHISCHEN VORAUSSETZUNGEN

Die Kindheit

Der Charakter, der das Leben eines Menschen bestimmt, wird nicht nur vererbt, sondern weitgehend auch von der Umwelt geprägt. Der erste und entscheidende Faktor ist die Schwangerschaft: ein vollentwickeltes Kind aus einer normalen Schwangerschaft hat auch ein gesundes Nervensystem und damit eine gute Intelligenzanlage. C.F. Meyers Nervosität und Ängstlichkeit war nicht ererbt, aber wahrscheinlich angeboren, denn der dauernd gereizte und angespannte Zustand seiner Mutter[2] musste die Entwicklung ungünstig beeinflussen. Da diese Zusammenhänge aber sehr wenig erforscht sind, soll hier nicht näher darauf eingegangen werden.

Der zweite Faktor, dessen weitreichende Bedeutung erst von Freud erkannt wurde, sind die frühkindlichen Erlebnisse. Die bewusste und mehr noch die unbewusste Beeinflussung durch die Eltern und andere Erwachsene steckt die Grenzen ab, innerhalb deren der Charakter sich entwickelt und denen er nie ganz entrinnen wird. Da Meyers Vater in der frühkindlichen Entwicklung nur die Rolle eines Verstärkers des mütterlichen Einflusses hatte[3], war Meyers Mutter die ausschlaggebende Person.

Meyers Mutter wird als ausserordentlich feinfühlige und kultivierte, sehr fromme Persönlichkeit geschildert. Heute ist man nicht mehr so sehr von Frömmigkeit beeindruckt, und man sieht das Gewaltsame und Unechte in der christlichen "Nächstenliebe" dieser Frau. Hinter der bewundernswerten Schale litt ein unterdrückter Geist und ein gequälter Körper. Als fromme Frau konnte sie im 19. Jahrhundert ihre geistigen Gaben nicht entwickeln; sie fühlte sich verpflichtet, sie unter den Scheffel zu stellen, um dem christlichen Ideal des Weiblichen gerecht zu werden, d.h. sanft und demütig zu sein[4]. Was diese starke Persönlichkeit gebraucht hätte, wäre eine öffentliche Aufgabe mit grossem Wirkungskreis gewesen. Das viele Briefeschreiben und die geistreiche Konversation im Freundeskreis waren ein armseliger Ersatz. Ihre Frömmigkeit verhinderte auch ihre Sinnlichkeit an der Erfüllung und veranlasste sie, auf ihren Körper überhaupt keine Rücksicht zu nehmen; kein Wunder, dass er sich mit Reizbarkeit und allen möglichen Nervenübeln rächte[5]. Je mehr sie sich kasteite, desto mehr kultivierte sie ihre Nächstenliebe: die Beschäftigung mit den Benachteiligten des Lebens gewährte ihr den schwachen Trost, doch noch besser dran zu sein, und die Ausübung einer christlichen Tugend stützte ihre

2 Frey 22
3 Frey 31
  Betsy 80

4 Sadger 5/6
5 Frey 21

schwankende Selbstliebe. Ihre übertriebene Rücksichtnahme war Kompensation im umgekehrten Sinne: sie entsprang der unbewussten Einsicht, dass ihre ganze Sorge im Grunde ihr selbst galt. Aber je mehr sie sich andern opferte, desto mehr wurde sie von ihrem unbefriedigten Egoismus bedrängt. Es war ein Teufelskreis, der eine explosive Atmosphäre schuf.

Ihre Spannung musste sich irgendwie entladen, aber der direkte Weg war versperrt, weil sie sich als fromme Frau keine Ausbrüche und Szenen leisten konnte. Die Entladung erfolgte daher auf indirektem Weg: zum Teil richtete sich die Agressivität gegen innen in Form von Selbsthass, zum andern Teil aber gegen die Kinder, die sie als Teil ihrer selbst empfand und daher ebenso streng behandelte wie ihre eigene Person. Besonders Conrad wurde Gegenstand ihrer Besserungssucht, da er ihr ähnlich zu werden schien: auch er zeigte Sinnlichkeit, Phantasie und überschwängliche Gefühle. Ihre Erziehung richtete sich daher besonders gegen die "Schwächen", die sie an sich selber kannte; vor allem suchte sie Sinnlichkeit und Egoismus zu unterdrücken und aus ihrem Sohn einen makelloseren Christen zu machen, als sie selbst war. Von der Art ihrer Erziehung kann man sich ein gutes Bild machen, wenn man bei Frey nachliest, wie sie dem kleinen Kind den Begriff des Gewissens beibrachte[6]. Die Verquickung von Ungehorsam mit religiösen Ängsten war wohl ihr wirksamstes Erziehungsmittel.

Die strenge Erziehung hatte also mehrere Motive: sie konnte in ihrem Kind nicht wachsen lassen, was sie in sich mit aller Macht unterdrückte, ohne ihr prekäres seelisches Gleichgewicht zu verlieren – dies war blosse Selbstbewahrung; gleichzeitig war es aber auch Rache, denn als Junge war er von der Partei derer, die sie an der vollen Entfaltung ihrer Persönlichkeit hinderten – er musste leiden, weil sie litt. Die Strenge funktionierte als Ventil ihrer Gereiztheit; sie war aber auch Ausdruck von Hass und Enttäuschung, denn sie konnte ihrem Sohn nicht verzeihen, dass er ihr ähnlich wurde. Auch konnte sie ihre Herrschsucht unter einem guten Vorwand ausleben.

Anfangs hat sie ihn als das einzige Kind wohl auch verzärtelt, und die Unvereinbarkeit der strengen Erziehung mit Zärtlichkeit muss ihn nicht wenig verwirrt haben. Dann kam der erste grosse Schock mit der Geburt der Schwester, die ihn aus dem Mittelpunkt der mütterlichen Aufmerksamkeit verdrängte[7]. Er suchte seine Stellung zu retten durch die gänzliche Unterwerfung unter die Mutter: sie behauptete, sie könne ihn um den Finger wickeln[8]. Er wurde ein sehr lenksames, sanftes und gutmütiges Kind, das unbegreiflicherweise zuweilen aufbrauste: dieses Verhalten ist typisch für

6 Frey 27/29
7 Kielholz 260/261
8 Frey 29

10

Kinder, die unter übergrossem Druck erzogen werden. Von Mutterliebe verspürte Conrad wohl nicht viel, und es ist nicht verwunderlich, dass der Sechsjährige in Tränen ausbrach, als seine Mutter andere Kinder lobte[9].

Meyers Erziehung hatte zwei Ergebnisse, die beide gleich verhängnisvoll waren: seine Selbständigkeit und damit seine Initiative waren so gut wie ganz erstickt durch die Herrschsucht der Mutter, die ihn zum Objekt machte, und seine Weltschau war für immer geprägt von der Feindschaft des Geistes gegen das Fleisch[10]. Der Fünfjährige hatte Angstträume von Schlangen und wilden Tieren[11] — Symbole der Sexualität und der Triebe, die als etwas Furchterregendes erscheinen, weil sie als etwas Böses unterdrückt werden. Das erste hatte, zusammen mit dem Gefühl des Ungeliebtseins, die neurotische Fixierung an die Mutter und das Kindsein zur Folge[12]. Die Mutter wollte Gehorsam, jede selbständige Regung wurde unterdrückt; Selbständigkeit und das Streben danach wurden dadurch mit starken Angstgefühlen belegt, Angst vor dem Verlust der mütterlichen Geneigtheit, und das hiess Angst vor dem Verlust der Geborgenheit: Existenzangst. Damit verbunden ist die Angst vor allem Unbekannten und der Zukunft, die Neigung, sich im Kreise zu drehen und gegen Neues abzuschliessen. Das zweite hatte die Flucht in die Phantasie zur Folge. Die körperliche Welt, d.h. die Wirklichkeit, war den idealen Forderungen der Mutter nicht gewachsen, sie wurde abgelehnt; da das Kind aber keine Vorstellung vom Himmel haben konnte und ausserdem in dieser Welt leben musste, dachte es sich eine Phantasiewelt aus. Die starke Wirkung der Märchen auf das Kind weist auf Verdrängungen hin, die sich nur noch verhüllt bemerkbar machen können[13]. Die Phantasiewelt hat also bereits beim Kind die Rolle übernommen, die eigentlich die Wirklichkeit haben sollte: das Austragen von Konflikten und Problemen.

Meyers Kindheit wird immer als eine glückliche Zeit gelobt; wer das behauptet, muss vom Materiellen verblendet sein, denn ein Kind, das sich nach dem Himmel sehnt, weil dort nicht soviel Leid und Geschrei sei[14], kann nicht sehr glücklich sein. Betsys Aussagen können nicht ohne weiteres für den Bruder akzeptiert werden, denn als Liebling der Mutter hat sie ihre Familie anders erlebt. Auch erschien ihr die Kindheit als etwas Sonniges, weil sie von keinen materiellen Sorgen überschattet war und weil die Kinder seelisch ein gewisses Gleichgewicht und Glück gefunden hatten in der Unterordnung unter die Mutter, in der Einordnung in die Welt, die sie vorfanden.

9 Frey 29
10 Frey 27
11 Frey 27
12 Sadger 13ff

13 Frey 28
Betsy 56
14 Frey 29

Die Jugend

Das Gleichgewicht der Kindheit fand ein plötzliches Ende durch den Tod des Vaters. Das gegenseitige Verhältnis der Ehegatten ist undurchsichtig, da sie äusserlich eine mustergültige Ehe führten. Die Arbeitswut des Vaters hat jedoch etwas Selbstzerstörerisches und ist offensichtlich eine Flucht vor der possessiven Gattin. Er war ihre Stütze gewesen, bis er unter der Last zusammenbrach und sie verzweifelt zurückliess. Für die Kinder bedeutete er nicht viel, da er für sie kaum vorhanden war; Betsy sagt euphemistisch: "Wir Kinder trugen damals an diesem Leide weniger schwer, da uns doch die treuste Mutter geblieben war[15]." Die Mutter bedeutete alles, und da ihr seelisches Gleichgewicht einen tödlichen Stoss bekommen hatte, wurde die Situation besonders für Conrad unhaltbar. Denn dieser sollte nun auch die Rolle des Vaters übernehmen, ohne die Rolle des Kindes fahren zu lassen, da beide für sie lebenswichtig waren. Dies führte zu unerfüllbaren Forderungen: Conrad sollte nun plötzlich Initiative und Zielbewusstheit zeigen, obwohl die dazu nötige Selbständigkeit dauernd untergraben worden war und noch wurde, weil die Mutter ein Objekt ihrer Herrschsucht brauchte; er sollte seine Phantasiewelt plötzlich verlassen, obwohl er bisher ungestört darin verweilt hatte, und sich in der wirklichen Welt einen Platz erobern. Da Conrad dazu nicht imstande war, bildete sich darüberhinaus der zerstörerische Zwang, den Sohn, der ihrer seelischen Struktur so ähnlich war, zum Blitzableiter und Sündenbock zu machen: er wurde der "arme Conrad". Sie trieb ihn in Trotz und Auflehnung mit ihrem religiösen Eifer und ihren Vorhaltungen, wie wenig er dem Vater, dem Vorbild aller Tugenden, gleiche; dann konnte sie sich als Märtyrerin fühlen, als unglückliche Mutter eines ungeratenen Sohnes. Solange ihr seelisches Ebenbild versagte, konnte sie sich aufrecht erhalten. Eine Zeitlang sah es so aus, als ob der Sohn erliegen würde wie der Vater, aber die Krise, die schliesslich ausbrach, führte zur Entfernung von der Mutter und damit zur vorläufigen Rettung — er ist ja dann später, alt und müde, doch noch erlegen. Als der Sohn ihr nicht mehr als Sündenbock diente, brach sie zusammen. Sie war ein typisches Beispiel für die unerfüllte Frau, die ihr ungelebtes Leben durch Gatten und Sohn leben will und damit beide zerstört — eine unbewusste Rache am männlichen Geschlecht, das sie an der Entfaltung hinderte.

Der Sohn fühlte sich eingeklemmt zwischen dem bewussten Wunsche der Mutter, dass er in der Welt vorankomme und etwas werde, und dem unbewussten Willen, dass er ein hilfloser Versager bleibe. Er erfüllte die unbewusste Erwartung, die den stärksten psychischen Druck auf ihn ausübte,

15 Betsy 82

während die bewusste keinerlei Unterstützung gewährte. Er hätte ohnehin Schwierigkeiten gehabt, erwachsen zu werden, aber unter dem Druck der Verhältnisse war es ihm gänzlich unmöglich. Sein Charakter kam den unbewussten Wünschen der Mutter entgegen; es zeigt sich darin die neurotische Verflechtung von Mutter und Sohn. Von Liebe ist dabei keine Rede, es war eine durchaus negative Bindung.

Die neurotische Fixierung der Kindheit zeigte sich also in der Jugend in verstärktem Masse. Es blieb ihm nichts andres übrig, als sich seiner Gewohnheit gemäss in seine Phantasiewelt zurückzuziehen, was er so gründlich tat, dass er fast jede Beziehung zur Aussenwelt abbrach. Sein träumerisches Dasein wurde durchbrochen durch die Lektüre von Vischers "Kritischen Gängen"; sie machte es ihm unmöglich, weiterhin seiner romantischen Phantasiewelt anzuhängen, sodass er nun überhaupt nichts hatte, worauf er seine Existenz gründen konnte. Die daraus folgende Krise brachte ihn nach Préfargier.

Der Aufenthalt in der Irrenanstalt bedeutet für Meyer den Abbruch der normalen Entwicklung zu einem selbständigen Individuum, die bei ihm ohnehin nur fragmentarisch angelegt gewesen war, und die Fixierung auf der infantilen Stufe. Die Entfernung von der Mutter und die Überwachung seiner Lebensweise lösten die Krise nicht im positiven Sinne der geistigen und materiellen Loslösung von der Mutter, sondern im negativen Sinne der endgültigen Unterwerfung unter ihre Forderungen, der Rückkehr zu ihrer Welt, von der er sich schon ziemlich entfernt hatte.

In der kurzen Zeit zwischen Préfargier und dem Selbstmord der Mutter fand Meyer einen ähnlichen Gleichgewichtszustand wie in der Kindheit, indem er einen Kompromiss schloss zwischen den widersprüchlichen Erwartungen der Mutter: er war und blieb unselbständig, ein erwachsenes Kind, aber er bewies bürgerlichen Fleiss mit seinen Übersetzungen und verzichtete auf die Künstlerlaufbahn.

Die Spaltung der Persönlichkeit und ihre Folgen

Meyers Lebenslauf ist im Grunde abgeschlossen mit dem Tod der Mutter. Das Leben, das sich nachher abwickelte, war ein Scheinleben, weil es ein Rollenspiel war und nicht Ausdruck und Entfaltung seiner Individualität. Meyer hatte keine Zukunft, weil er keine Vergangenheit hatte. Er hatte sich infolge der lebensfeindlichen Erziehung von der Wirklichkeit abgewandt und in eine Phantasiewelt eingesponnen, eine Haltung, die durch die Geburt der Schwester und den Tod des Vaters verstärkt und befestigt wurde. Die Rettung aus der ausweglosen Situation brachte die Kunst, ein Fluchtweg, der ihm versagt war, solange die Mutter lebte, die in seinen künstlerischen Ambitionen nur Hochmut und Sünde sehen wollte.

Nach Préfargier war die künstlerische Gestaltung seiner Phantasien die einzige Möglichkeit, seinem Leben einen positiven Inhalt zu geben. Die normale Entwicklung war ihm in Préfargier verbaut worden mit der Einstanzung eines wesensfremden Weltbildes, zu dem er innerlich keine Beziehung haben konnte, das deswegen auch nicht entwicklungsfähig war noch über Bord geworfen werden konnte, weil dies Existenzangst ausgelöst hätte.

Meyers Kunst ersteht aus der Flucht vor der Wirklichkeit und ist Ersatz für ein ungelebtes Leben; sie wurzelt in einer Phantasiewelt, die in sich geschlossen und unveränderlich ist, da sie keine Nahrung aus der Auseinandersetzung mit der Wirklichkeit bekommen kann. In Anbetracht der schweren und mannigfachen Hemmungen, denen Meyer vom Beginn seiner Existenz ausgesetzt war und die nicht nur seine Konstitution beeinträchtigten und die Entfaltung seiner Individualität verhinderten, sondern auch die Integration seiner Person verunmöglichten, ist es ein Wunder, dass er überhaupt zur Produktion kam. Dieses Wunder ist vor allem der Schwester zu verdanken, die ihm als Kristallisationspunkt diente. Ihre Erinnerungen sind deshalb eine unschätzbare Quelle für die Forschung, besonders für das Werden des Dichters.

Die Entwicklung zum Dichter

Die Schwester Betsy spielte schon zu Lebzeiten der Mutter — nach dem Tod des Vaters und der Grossmutter — eine wichtige Rolle als Puffer und Vermittlerin zwischen Mutter und Sohn, und als Vertraute und moralische Stütze Conrads und der Mutter. Mehr konnte sie damals nicht tun, da die neurotische Verflechtung Conrads mit der Mutter zu stark war.

In ihren Erinnerungen kommt sie immer wieder auf jene Zeit zu sprechen, wie um ihren Bruder zu rechtfertigen. Es scheint, dass er vor dem ersten Aufenthalt in Lausanne sich nicht zum Dichter berufen gefühlt hat, obwohl er schon auf der Schule Verse schrieb[16]. Bis dahin folgte er den Erwartungen der Familie, dass er das Gymnasium absolviere und dann das Studium der Jurisprudenz ergreife, um die väterliche Laufbahn zu verfolgen[17]. Erst in Lausanne, wo er zum erstenmal für längere Zeit dem Einfluss der Mutter entzogen war, begann er, sich als Dichter zu fühlen und zu verstehen[18].

16 Frey 42
17 Betsy 60
18 Frey 47

14

Anfangs war die Mutter seinen dichterischen Plänen nicht abgeneigt, jedenfalls war sie mit einem Versuch einverstanden. Erst nach Pfizers abschlägigem Bescheid fing die eigentliche Leidenszeit an.

Da Conrad keine Neigung zu einem Jusstudium hatte[19] und seinem dichterischen Ehrgeiz der Boden entzogen worden war, verlor er sich in uferloser Lektüre, ohne viel Nutzen davon zu haben[20], da er das Gelesene nicht verarbeiten und sich zu eigen machen konnte; dazu hätte es eine zielgerichtete, organisierte Charakterstruktur gebraucht, und gerade die fehlte ihm und konnte sich unter dem Druck der Verhältnisse auch nicht bilden. Das zielstrebige Denken wurde immer mehr von rastlosem, unstetem Phantasieren verdrängt[21].

Er war wie in einem Bann[22], von dem er sich nicht durch die Produktion befreien konnte. Es fehlte ihm dazu nicht nur das nötige Selbstvertrauen, sondern auch Energie und Ausdauer — Betsy sagt, schon als Knabe habe er alles liegen lassen, was nicht im ersten Wurf gelang[23]. Was ihm jedoch am meisten zu schaffen machte, war das Füllen seiner Entwürfe mit Leben, das Finden der passenden Ausdrucksform, kurz, die dichterische Gestaltung seiner Phantasien. In gewissem Sinne verlangte der Produktionsprozess eine Umkehrung seiner Entwicklung: er hatte sich von der sinnlichen Wirklichkeit zurückgezogen in seine körperlose Phantasie- und Gedankenwelt und sollte nun diese wieder umsetzen in eine lebensnahe Formenwelt, seine Gedanken und Ideen sollten "körperliche Schwere" bekommen[24]. Dieser Weg war jedoch durch seine körperfeindliche Erziehung mit Angst belegt. Auch hätte er sich für die Beseelung seiner Gestalten mit ihnen identifizieren, ihnen von sich selbst etwas geben, d.h. sich selbst ausleben müssen, und auch dieser Weg war ihm versperrt, da seine Mutter ihn zeitlebens daran gehindert hatte und auch jetzt etwas anderes aus ihm machen wollte, als er war. Mit anderen Worten, dieselben Faktoren, die sein bisheriges Leben überschattet hatten, hinderten ihn nun auch an der Produktion.

Er sah die Diskrepanz zwischen seinen hohen Anforderungen an sich selbst und seinen kläglichen Versuchen und liess entmutigt ab. Er verbrannte alles, schrieb nichts mehr auf: er verlor die Leichtigkeit, sich schriftlich auszudrücken, Betsy sagt sogar, er habe "damals vielleicht überhaupt nicht immer in Worten" gedacht[25]. Er überliess sich immer mehr seinen Phantasien und verschloss sich buchstäblich vor der Wirklichkeit in seinem verdunkelten Zimmer. Seine Abgeschlossenheit wurde nur von Ausflügen auf den Zürcher

19 Betsy 84
20 Betsy 68
21 Betsy 88
22 Betsy 92

23 Betsy 88
24 Betsy 161/162
25 Betsy 93

See unterbrochen, wo er, meist nachts, in der Mitte des Sees das Ruderboot verliess und, allein auf weiter Flur, sich dem Wasser und dem Abgrund überliess: eine symbolische Handlung, denn das Wasser bedeutet das Unbewusste, der Abgrund die Gefahr, sich dem Unbewussten, d.h. seiner Phantasie auszuliefern und darin unterzugehen.[26] Fortan verband sich ihm Phantasie, Wasser, Abgrund, Gefahr und Tod zu einer unauflöslichen Einheit, was in seinem Werk immer wieder zum Vorschein kommt.

Diesem Versinken im Unbewussten folgte die Krise und eine Latenzperiode, in der er resigniert den Dichterberuf aufgab und sich mit Übersetzungen und philologischen Studien beschäftigte, was jedoch nach Betsy eine wichtige Vorstufe zur Produktion wurde: er lernte endlich ausdauerndes Arbeiten, und sein Sprachgefühl festigte sich wieder und vervollkommnete sich[27]. Er scheint in jener Zeit wenig Eigenes produziert zu haben, und ohne Glauben an seine Fähigkeiten.

Der Tod der Mutter änderte vorerst nichts an diesem Zustand. Erst zwei Jahre danach fand er durch die Begegnung mit der Renaissance, vor allem den Werken Michelangelos, zum Glauben an seine Berufung zum Dichter zurück. Typischerweise brauchte er Burckhardts Interpretation der Renaissance, damit sein Erlebnis fruchtbar werden konnte; er war nicht fähig, es aus eigener Kraft zu verarbeiten. Nach Betsy war Michelangelo zu überwältigend: er konnte ihn aus seiner Untätigkeit reissen, aber nicht zur Bewältigung historischer Stoffe inspirieren[28]. Dazu brauchte er den Einfluss des milderen Tizian und der Kunstwelt Venedigs, wiederum im Lichte Burckhardts gesehen[29].

Die unglaublich starke Wirkung der Renaissance auf ihn ist wohl zu erklären aus der Verbindung von starker Sinnlichkeit mit strenger Form in dieser Kunst, was ihm aber kaum bewusst war. Er nannte sie die "hohe Kunst" wegen ihrer Formvollendung, und weil er in ihr einen hohen ethischen Gehalt sah: "Gewaltige Verkörperungen grosser Gedanken[30]." In dieser Kunst fand er die Vermittlerin zwischen der sinnlichen Körperwelt und der göttlichen Sphäre, die Kunst wurde dadurch zu etwas Erlaubtem, ja Notwendigem und Heiligem, besonders wenn er sich an historische Stoffe hielt und nicht frei erfand. In der "hohen Kunst" konnte er die Ansprüche der Mutter (strenge Moral) und des Vaters (Wahrheit)[31] mit seinem eigenen Bedürfnis nach Selbstverwirklichung vereinigen. Erst jetzt war es ihm möglich, seine Stoffe und Gestalten von innen her zu beleben[30], weil er es erst mit diesem Ideal vor Augen wagen durfte, seine Phantasien zu gestalten, seine Individualität in der Kunst auszuleben.

26 Frey 49/55/56
27 Betsy 105
28 Betsy 162/166
29 Betsy 163
30 Betsy 162
31 Frey 14

Er hatte nun das Ziel vor sich, das er bisher vergeblich gesucht hatte. Was er noch brauchte, war die Konzentration seiner zersplitterten Persönlichkeit, und da kam ihm die Vereinigung Italiens und Deutschlands zu National-staaten zu Hilfe. So wie er die Lösung seiner Probleme in der Identifizierung mit rätselhaften Gestalten der Geschichte fand, die sich aus der Tradition lösten und zu individueller Freiheit durchrangen, so bot ihm die Zusammen-fassung der zersplitterten Teilstaaten zu einem Staat ein magisches Modell für seine Selbstwerdung; denn das germanische und romanische Kulturerbe waren die stärksten Mächte in seiner geistigen Welt[32]. Betsy spricht von einer "Parallelentwicklung"[33]. Sowohl im Weltbild wie in der Dichtung Meyers gibt es eine starke magische Komponente, was mit der Fixierung der seelischen Entwicklung auf einer infantilen Stufe zusammenhängt.

Die Vorbedingungen zu seiner Dichterlaufbahn waren nun gegeben. Dass er aber wirklich zum Dichten kam, ist wohl grösstenteils der Schwester zu verdanken. Sie hat immer bescheiden ihren Anteil an Meyers Werken zurückgewiesen, sie wollte nur "Herzenstheilnahme und Copisteneifer" gelten lassen[34]; es scheint ihr ein Bedürfnis gewesen zu sein, allen Ruhm dem Bruder zu geben. Sie hatte wohl unbewusst die Ideale der Mutter übernommen und lebte eigentlich nur für den Bruder; sie war jedoch in der glücklichen Lage, ihre nach Rodenberg "ungewöhnliche literarische Begabung" durch ihren Bruder in weit stärkerem und daher befriedigenderem Masse ausleben zu können als ihre unglückliche Mutter. Rodenberg sah in ihren Briefen "eine gewisse innere Verwandtschaft mit dem Genius" ihres Bruders[34]. Sie selbst schrieb nach der Lektüre der ersten Druckbogen ihres Buches: "Ich habe den Eindruck, es liege die Arbeit meines Bruders und nicht die meine vor mir"[35] — verräterische Worte, die vermuten lassen, dass in der Arbeit ihres Bruders mehr Eigenes war, als sie zugestehen wollte; sie hat ja auch die letzten Ausgaben der Gedichtsammlung schon vor dem Zusammenbruch Meyers ziemlich selbständig redigiert[36].

Betsy geht in ihren Erinnerungen ausführlich auf ihre Mitarbeit ein[37]. Sie schrieb alles nieder, was sie mit seiner Kurzsichtigkeit, seinem hohen Wuchs und seiner bewegungsbedürftigen Natur entschuldigte; in Wahrheit nahm sie ihm damit die mühsamste Arbeit ab, was für ihn, der schon als Kind jede anhaltende Arbeit scheute, von grosser Bedeutung war. Er konnte sich beschränken auf das Phantasieren, das seine eigenste Beschäftigung war, und auch da half sie mit Zwischenbemerkungen und Fragen, wenn die nötige

32 siehe Lusser
33 Betsy 69
34 Frühlingsbrief 1

35 Frühlingsbrief 3
36 hist.-krit. Ausg. Bd 2 S. 23/24/42/43
37 Betsy 205ff

Klarheit fehlte. Sie machte auch Notizen, wenn er in den Ferien flüchtig improvisierte und Gedanken und Pläne entwickelte; diese Notizen lagen den späteren Ausführungen zugrunde. Sie sorgte dafür, dass er sich nicht übermüdete, und ihr Interesse war auch wohl ein Ansporn, durchzuhalten und das Angefangene zu Ende zu bringen. Auch später, als ein Sekretär die Werke niederschrieb, las er ihr alles vor, und sie scheint mit ihrer Kritik auch dann noch zur Ausgestaltung beigetragen zu haben. Der Briefwechsel mit Hessel und Rodenberg zeigt, dass er oft nicht zwischen mehreren Varianten wählen konnte und in seiner Unentschiedenheit die Meinung eines anderen brauchte, die er dann freilich, wenigstens in seiner guten Zeit, nicht immer annahm.

Besonders am Anfang muss die Mitarbeit der Schwester von entscheidender Bedeutung gewesen sein, weil sie an einem wesentlichen Punkte, dem Übergang von der Phantasie zur Gestaltung – für Meyer immer ein besonderes Problem – hilfreich eingriff. Sie übernahm es ja auch, für seine Gedichte einen Verleger zu finden, und ermöglichte ihm damit die erste öffentliche Anerkennung, deren er so sehr bedurfte. Ohne ihre Hilfe wäre es möglicherweise nie zur Produktion gekommen.

Die Hilfe, die Betsy ihrem Bruder gewährte, war jedoch nicht nur technischer Art. Sie übernahm nach dem Tod der Mutter allmählich und in immer stärkerem Masse deren Rolle, aber in positivem Sinne. Sie gab ihm das, was er von der Mutter vergeblich erwartet hatte: selbstlose, verständnisvolle Liebe, die ihr Objekt nicht beherrscht und erstickt, sondern zu der ihm gemässen Entfaltung bringt. Durch ihre Liebe löste sich viel von seiner Verkrampfung; sie brachte ihn sogar zum Heiraten. Die eine Folge der mütterlichen Erziehung, die Unselbständigkeit, war damit als Problem entschärft, wenn auch nicht gelöst. Was sie jedoch nicht ändern konnte, weil sie selbst davon betroffen war, war der Zwiespalt zwischen Geist und Körper. Dieses Problem blieb bestehen und war die Hauptursache der langwierigen Produktion.

In seinem Schaffen war Meyer gezwungen, vom Gedanklichen auszugehen, nicht weil er unsinnlich gewesen wäre, sondern weil seine Sinnlichkeit gewaltsam unterdrückt und verdrängt worden war. Um seinem Werk Leben zu verleihen, musste er jedoch diesen vergrabenen Schatz heben, und da dies mit Angst belegt war, geschah es nur mühsam und stufenweise, über lange Zeit hinweg. Da auch seine Selbstwerdung gehindert und mit Angst verbunden war, konnte er sich nicht unmittelbar mit seinen Gestalten identifizieren und sich in ihnen darstellen. Erst wenn die Stoffe und Gestalten wiederholt aus den Tiefen seines Unbewussten vor seinem schaffenden Geist aufgestiegen und wieder versunken waren, konnte er sie bewältigen. Sie wurden durch diesen Prozess objektiviert: er konnte sie dann als etwas ausser ihm Existierendes betrachten, sie gewannen ein eigenes Leben, und ihre Herkunft, d.h. ihr Ursprung in ihm selbst, war verwischt. Er war sich dessen halb bewusst, wie die seltenen Äusserungen in Briefen an Bovet[38] (typischerweise in einer Fremdsprache) zeigen. Darum genügte ihm dies nicht. Er war besessen von der Notwendigkeit, alles in Distanz zu rücken: Die Gegenwart, sein Selbst, seine Sinnlichkeit – kurz alles, was unmittelbare Wirklichkeit war, die er ja nicht bewältigen konnte. Diesem Ziel diente die Wahl historischer Stoffe, die Form der Rahmengeschichte, der Ausdruck in symbolischer Form. Da er sich so sehr davor fürchtete, seine Phantasie frei erfinden zu lassen, war er auch auf die Anregung angewiesen, die er von historischen Stoffen und Werken der bildenden Kunst empfing; und da er oft die Verarbeitung seiner historischen Stoffe in der bildenden Kunst suchte und fand, nahm er die Wirklichkeit sozusagen aus dritter Hand, was sich in seinen Novellen und Gedichten widerspiegelt in der symbolischen Darstellung vieler Vorgänge und Situationen in Kunstwerken.

So umgab sich Meyer mit vielen Hüllen, die ihn vor dem Anprall der Wirklichkeit schützten und ihm erlaubten, sein prekäres inneres Gleichgewicht zu erhalten, die ihn aber schliesslich auch erstickten[39]. Vorerst aber bedeutete sein Durchbruch zur Produktion und in die Öffentlichkeit ein neues Leben in der Kunst und durch die Kunst und die ersehnte gesellschaftliche Anerkennung. Er fühlte sich jetzt berechtigt, den Vornamen seines Vaters seinem eigenen hinzuzufügen zum Zeichen einer inneren Wiedergeburt[40]. Nach der ersten anonymen Veröffentlichung seiner Gedichte veröffentlichte er alle seine Werke unter dem neuen Namen Conrad Ferdinand Meyer.

38 Briefe an Bovet 14.1.88 S. 138
39 Er hatte im Alter vor dem Zusammenbruch tatsächlich Erstickungsgefühle
40 vgl. das Gedicht "Thespesius"

ERSTER TEIL: MEYERS KÜNSTLERISCHE DOGMATIK

Die Entstehung seines Weltbildes

Wie alle jungen Menschen wandte sich auch Meyer gegen das Überkommene auf der Suche nach der eigenen Weltanschauung. Die Abwendung vom pietistischen Weltbild der Mutter begann offenbar schon ziemlich früh, wie der Briefwechsel zwischen ihr und David Hess zeigt[41]. Eine Station auf diesem Wege mag die Überwindung Jean Pauls gewesen sein[42], denn dieser war ein Lieblingsautor der Mutter[43]. Aber diese Entwicklung wurde aufs schwerste gehemmt durch den dauernden Druck der mütterlichen Ermahnungen und Erwartungen. Ängstlich verfolgte sie die Entfaltung seiner Persönlichkeit, die sich immer mehr im Gegensatz zu ihren Überzeugungen entwickelte. Namentlich seine Wertschätzung des Geistes und der Kunst erfüllte sie mit Sorge und Furcht. Nicht die geistigen Talente sollte ihr Sohn vervollkommnen — dies konnte nur zu sündigem Hochmut und irdischem Lob führen — sondern er sollte sein Gemüt pflegen nach dem Vorbild des demütigen Vaters, um seine Seele zu retten[41]. Er geriet in einen sich stetig vertiefenden Zwiespalt zwischen der zur Entfaltung drängenden weltlichen Anlage seiner Natur und den geistlichen Forderungen der Mutter, mit denen er sich zum Teil identifizierte.

Keine der beiden Mächte gelangte zur Herrschaft. Da wurde die eine Seite unvermutet gestärkt durch die Lektüre von Vischers "Kritischen Gängen"[44]. Sie zerstörte, was noch an mütterlichen Anschauungen in ihm war, und er wurde ein entschiedener Atheist[45]. Damit war eine Entwicklung angebahnt, die Meyers Leben völlig anders gestaltet hätte, wäre ihr Raum gegeben worden. Aber die Massnahmen der Mutter zur Überwindung der Krise, die diesem plötzlichen Umschwung folgte, fügten es anders.

Der Einfluss der Mutter bereitete zwar den Boden für die spätere Entwicklung, aber er war nicht das Entscheidende, denn Meyer war trotzdem, wenn auch unter schweren Krisen, auf dem Weg zu der ihm gemässen Weltanschauung. Erst die Einweisung in die Anstalt Préfargier unterdrückte diese wirksam und dauernd. In Préfargier begann er unter dem Druck der Umgebung, sich dem Christentum wieder zu nähern. Man muss sich vergegenwärtigen, dass Meyer vom 12. Juni bis zum 1. November in einer

41 Frey 38
   Matth 6, 19-21
42 Frey 52
43 Lusser 2

44 Betsy 97ff
   Frey 55
   Lusser
45 Crise 10

Zelle untergebracht war[46], offenbar auf einer Abteilung für schwere Psychopathen, denn Cécile Borrel berichtet von wörtlichen und tätlichen Angriffen Kranker gegen ihn[47]. Auch Dr. Borrel war sich bewusst, dass Meyer auf dieser Abteilung einem "spectacle pénible" ausgesetzt war, der ihn belastete, aber er hielt dies für heilsam[48]. Bis zum 1. August wurde er ausserhalb des Hauses sogar von einem Wärter begleitet[49]. Dazu kamen die eindringlichen Mahnungen des Arztes, seinen Hochmut — worunter er den Wunsch verstand, sich mit künstlerischen Werken einen Namen zu machen — aufzugeben, da er sonst weder sein Dasein noch seine Vernunft behalten werde[50]. Besonders diese Erklärung musste Meyer erschüttern, hatte er doch kurz nach der Ankunft erklärt, die Intelligenz und das Gefühl für Schönheit seien die einzigen Güter, die er auf Erden schatze[51].

Der Aufenthalt in der Anstalt muss für ihn ein Albtraum gewesen sein. "Nur keinen Winter hier[52]!" schreibt er der Mutter im November, obwohl er schon in die Wohnung der Geschwister Borrel aufgenommen worden war[53] und insofern eine Erleichterung gewonnen hatte[54]. Aber er ist schon so eingeschüchtert, dass er gleich hinzufügt: "Oder meinethalb noch den Winter hier! Wähle, was dir besser gefällt[52]." Die Briefe aus jener Zeit erwecken den Eindruck, Meyer habe das Äusserste an Nachgiebigkeit und Unterwerfung aufgebracht, um aus seinem Gefängnis herauszukommen[55]. Von der zerstörenden Wirkung des Aufenthaltes in Préfargier kann man sich aus folgenden, an seine Schwester gerichteten Worten einen Begriff machen: "Das Jahr ist gottlob um; von dem was ich litt, in allen Arten und in allen Gelenken kein Wort mehr, es sei vergraben[56]!"

Da er eine wahrhafte Natur war, bemühte er sich ehrlich um die innere Wandlung, die so unnachgiebig von ihm gefordert wurde. Ohne Erfolg. Am Weihnachtsabend schreibt er seiner Schwester: "Liebe Betsy, behalte mich lieb mit allen meinen Sünden, ich bin leider noch ganz der Alte, aber gemacher und sehr gedemutigt[57]." Sein Wesen war ganz auf das Diesseits gerichtet, er konnte es nicht ändern; sogar Dr. Borrel spricht von seiner "nature morale tout à fait particulière"[58]. Was er hingegen änderte, war seine Gesinnung, seine Anschauungen[59]. Er gab die atheistische Weltschau völlig auf, er ist nie mehr zu ihr zurückgekehrt. Dem christlichen Glauben wandte er

46 Crise 56 70
47 Crise 48f 52
48 Crise 46
49 Crise 8
50 Crise 5-7 9f 10
51 Crise 5
52 Crise 24

53 Crise 56
54 Crise 70
55 Crise 48 49 52 7
56 Crise 79/vgl. das Gedicht "Gespenster"
57 Crise 79
58 Crise 46
59 Crise 52 46

sich zu, soviel er vermochte: alle Dogmen, die sich auf Christus beziehen, wie die Göttlichkeit Christi, sein Erlösertod und die Auferstehung, fanden keine Aufnahme bei ihm, wohl aber der strenge pietistische Gott und das Jüngste Gericht, umfasst von einem calvinistisch geprägten Schicksalsglauben. Seine Christlichkeit beschränkte sich auf das Ethische, das ganz von der pietistischen Meinung bestimmt wurde, nach der die Hauptsünden der geistige Hochmut und die Hinwendung zu irdischen Freuden sind.

Fortan liegt der geistigen Persönlichkeit Meyers dieses Weltbild zugrunde. Préfargier liegt bald hinter ihm und die Mutter stirbt, aber in seinem von ihnen geprägten Gewissen leben ihre Überzeugungen weiter und beherrschen sein Leben und Denken. Dies erklärt ihre Einfachheit und Starrheit: sie sind von aussen auferlegt, nicht von ihm selbst erlebt und verarbeitet.

Er ist seitdem nur noch imstande, Dichter zu sein, wenn dies in priestergleichem, göttlichem Dienst geschieht[60]. Die mühsame Produktion, das "Ringen" mit seinem Stoffe, wird verursacht vom Konflikt zwischen seiner weltlichen Anlage, die ihn hauptsächlich in seiner Phantasie bedrängt, und seinem pietistischen Gewissen. Die Kunst ist der einzige Ort, wo er diesen Konflikt austragen kann, da sein Gewissen ein Ausleben in der Wirklichkeit nicht gestattet. Das Dichten wird für ihn ein religiös gefärbter Reinigungsprozess. "Mir ist, ich betrete die Schwelle eines Tempels", bekennt er Frey[61]. Er fürchtet jedoch ständig, seine Phantasie, d.h. sein Unbewusstes mit den verdrängten Inhalten, könnte die Oberhand gewinnen und der ethische Gehalt würde darunter leiden. Darum wartet er jedesmal so ängstlich auf die Kritik von Freunden und auf das Echo aus dem Leserkreis: sie geben ihm die Gewissheit, sich nicht gegen das heilige Ziel, die "hohe Kunst", vergangen zu haben.

Die Entstehung einer künstlerischen Dogmatik

Künstlertypen

Auf dem Boden der pietistisch-calvinistisch gefärbten Weltschau wächst Meyers schematische Einschätzung der Künstler nach ihrer Religiosität und dem Grad ihrer Verfallenheit an das, was die Pietisten "Welt" nennen. Nach den vorherrschenden Wortfeldern und -assoziationen lassen sich fünf Typen aufstellen: christliche, heidnische, freche, süsse und dämonische Künstler.

60 vgl. das Gedicht "Das heilige Feuer"
61 Frey 293
   Betsy 12

Der christliche Künstler ist das Ideal, das ihm von seiner Mutter und den Betreuern in Préfargier vorgehalten wurde. "Das wahre Genie ist einfach, demüthig u. giebt dem die Ehre, von dem es die Gabe empfangen", schreibt ihm seine Mutter nach Préfargier[62]. Sie ermahnt ihn, in seinen guten Bestrebungen unter der weisen Leitung seines Arztes zu verharren: "Immer mehr Sprossen wirst du erklimmen bis auch du es zu erreichen vermagst, jenes schöne Reich der Wahrheit und der Liebe, das sich mit dem Augenblicke vor deinen erstaunten Blicken öffnet, wo du dein Dasein mit höhern, heiligen Zwecken verknüpfst[63]." Sie verweist ihm den humoristischen Ton seiner Briefe, da es sich um den bittern Ernst der wirklichen Dinge handle[64]. Dr. Borrel muss er bei der Entlassung aus der Anstalt versprechen, wahr, einfach und natürlich zu werden[65].

Die Eigenschaften der Wahrheit, Einfachheit, Fügsamkeit, Demut, die Hingabe an heilige Ziele, der bittere Ernst erinnern auffallend an Werner in "Engelberg". Dies umso mehr, als die Worte über das "wahre Genie" im Zusammenhang mit Nachrichten über Deschwanden fallen. Der kindlich fromme Maler teilte 1857 mit Meyer und Betsy einen Aufenthalt in Engelberg[66], und es ist schon deshalb naheliegend, dass diese Künstlerpersönlichkeit als Ideal der Mutter zur Gestaltung Werners beigetragen hat.

Demütig und dem die Ehre gebend, von dem er die Gabe empfangen hat, so hat Meyer später den Meister im Gedicht "Das Münster" gekennzeichnet. Auch die Worte Dr. Borrels klingen in diesem Gedicht nach: ". . . tout ce que vous avez reçu d'intelligence, de volonté, de sentiment du beau, ne vous appartient pas; ce sont des trésors qui vous ont été conférés pour les employer loyalement et fidèlement dans l'intérêt de vos semblables et non pas seulement pour votre jouissance[67]." Auch er, wie die andern in Préfargier, fordert immer wieder die Demut und den Verzicht.

Zu diesen grundlegenden Anstössen aus dem pietistischen Kreis gesellen sich literarische Einflüsse. Gotikbegeisterung und Münstergedichte waren in der Romantik seit Wackenroder Mode, und man weiss, dass Meyer in seinem langen Traumleben die Romantiker besonders hochschätzte[68]. Die Kunstwerke der deutschen Gotik — mit romantischen Augen gesehen —, besonders die Statuen, haben zur Gestaltung aller dieser frommen Künstlergestalten beigetragen. Auch der Umstand, dass diese ausschliesslich deutschen — höchstens in England sächsischen — Stammes sind, weist auf ein starkes romantisches Element. Dies widerspricht dem pietistischen durchaus nicht:

62 Crise 13
63 Crise 12 13
64 Crise 28
65 Crise 92

66 Frey 107 243
67 Crise 6
68 Frey 52

auch seine Mutter stand durch ihre schwäbischen Freunde der Romantik nahe[69].

Der heidnische Künstler trägt alle Wesenszüge, welche die Mutter und ihre Freunde in Préfargier an Meyer auszusetzen hatten und ihm mit allen Mitteln austreiben wollten: Selbstgenügsamkeit, unbeherrschtes Temperament, Eigenwille, Stolz, heidnische Anschauungen, Ruhmsucht, überhaupt jede weltliche Gesinnung. ". . . le pauvre jeune homme rêve encore l'honneur, la gloire et l'immortalité *terrestres*"[70], schreibt Charles de Marval im September an seine Mutter, und Ch. Godet im Februar: "Conrad n'a heureusement que des tendances honnêtes; il faut leur donner pour base les vérités chrétiennes au lieu des vérités mondaines; il faut détruire l'idole pour y substituer le culte du vrai Dieu[71]." Der angegriffene Charakter ist der "vieil homme"[72], wie er sich vor dem Eintritt in die Anstalt ausgebildet hatte und trotz allem Eifer seiner pietistischen Freunde im Kern erhalten blieb[73].

Diesem heidnischen Geist entsprach die Hochschätzung der Antike, wie aus einem Brief seiner Mutter hervorgeht[74] und bestätigt wird in dem Umstand, dass Meyer gleich anfangs seinen Homer nachschicken liess[75]. Es ist die Sehnsucht nach der Antike als vorchristlicher Kultur, d.h. jenseits von Gut und Böse, denn mit Christus ist die Scheidung und in gewissem Sinne die Sünde in die Welt gekommen.

Da ihm aber diese Richtung in Préfargier verbaut wurde, brauchte es — wie früher, als er unter dem Druck der Mutter lebte — eine Hilfe von aussen, damit sie sich durchsetzen konnte. Diesmal war es die Renaissance, die ihn befreite. Sie begegnete ihm zuerst in Paris im Louvre[76] und wurde ihm in Italien (wohl auch unter dem Eindruck der sinnenfreudigen Umgebung) zum überwältigenden Erlebnis, das er mithilfe der Anschauungen Jakob Burckhardts bewältigte[77]. Auch hier, wie beim christlichen Künstler, vereinigen sich literarische Einflüsse und Eindrücke aus der bildenden Kunst unter der Wertung, die er in Préfargier ausgebildet hatte.

Aus diesen Bedingungen erwächst die Gestalt des welschen Meisters in "Engelberg". Er repräsentiert dasjenige heidnische Künstlertum, das von der Antike die entscheidenden Impulse erhalten hat. Es ist das einzige, das Meyer neben dem christlichen als gleichwertig erscheint, wahrscheinlich weil schon sein Vater eine Vorliebe für die Antike besass[78] und die Mutter ihm einst die klassische Literatur über die deutsche gesetzt hatte[79]: er hat also die Sanktion

---

69 Betsy 56
70 Crise 20
71 Crise 107
72 Crise 51
73 Crise 93
74 Crise 100

75 Crise 1
76 Frey 97
77 Betsy 163f
78 Betsy 56
79 Frey 36

24

seiner Familie für diese Neigung. Er durfte sich ihr umso eher überlassen, als er den heiligen Ernst, der den christlichen Künstler beseelt, für den heidnischen beibehielt.

Diesem Künstlertypus stand Meyer am nächsten, da ihm der christliche ein unerreichbares Ideal blieb. Es ist eigentlich nur diese Kunst, die er als die "grosse Kunst" oder später als die "hohe Kunst" bezeichnete, und für die ihm Michelangelo und Dante die Massstäbe boten[80], die ihm aber — nun nicht vom Ideologisch-Psychologischen her wie beim christlichen Künstler, sondern vom Künstlerisch-Technischen her — ebenfalls ein unerreichbares Ideal war.

Der freche Künstler ist die letzte Spur des Wesens, das Meyer in Préfargier mit dem Atheismus abgelegt hatte. Er ist deshalb durchwegs negativ gezeichnet, denn er verkörpert eine Geistesrichtung, die Meyer nach Préfargier fürchten musste wie den Teufel. Um sie recht abstossend zu machen, gibt er diesem Künstler sittliche Verkommenheit, die er bei Mouton ins Tierische ausarten lässt. Die Gleichgültigkeit, bei Mouton sogar Feindschaft gegen den christlichen Glauben, verbindet er mit künstlerischer Leere trotz grossem Talent — Mouton nennt er sogar genial.

Es wirken in dieser Charakterisierung die Mahnungen der Mutter und Dr. Borrels nach, dass er seine Seele, seinen Verstand und sein Leben verlieren werde, wenn er den Egoismus, seine künstlerische Begabung nur zu seinem eigenen Vergnügen auszubilden, nicht aufgebe.

Auch bei diesem Typus tragen Eindrücke aus der bildenden Kunst zur Gestaltung bei. Aus Paris schreibt er an Betsy: "Zwar an den Franzosen . . . habe ich keinen Geschmack. Schöne Gliedmassen und schulgerechte, manchmal zierliche Bewegungen, aber keine Wärme und noch mehr — kein Adel und so theatralisch alles ausgedacht; kein Leben, wenigstens kein inneres Leben. . . . Tiere, Liebeleien, Araber, Schlachten und Jagden, das müssen diese praktischen Teutschen malen, aber nichts Hohes, nichts Heiliges[81]." Diese Ausführungen weisen vor allem auf Mouton. Bei seiner Arbeitsweise ist anzunehmen, dass er auch bei den beiden Mantovaner Malern[82] bestimmte Bilder vor Augen hatte.

Der süsse Künstler besitzt eine geheime Anziehungskraft für Meyer. Es ist dessen versteckte Sinnlichkeit, die in ihm selbst schon in der Kindheit unterdrückt wurde[83], die ihn anspricht. Auch der Zauber des verantwortungslosen Spiels berückt ihn, und die verhüllte, etwas grausame Belustigung über das, was ihm sonst heiliger Ernst ist: Glaube, Liebe und Treue; alles unter Beibehaltung des frommen Scheins. Die Haltung Meyers zu dieser Kunst ist geteilt: einerseits gewährt sie ihm eine gewisse Befriedigung seiner verdrängten

80 Betsy 160ff 166
81 Frey 96f
82 P 251/256
83 Sadger

Gelüste, so dass er sie nicht geradezu ablehnt, andererseits ist sie im Widerspruch zu seinem bewussten Ideal und seinem Bedürfnis nach Wahrheit, so dass er sie leicht tadelt. Im oben erwähnten Brief an Betsy behauptet er, der Tod des Zauberers Raffael sei zur rechten Zeit gekommen, "denn manches von ihm ist getändelt, und er beginnt ganz offenbar den Verfall der Kunst." Im selben Brief nennt er da Vinci, "der ganz gewiss keinen über sich hat, so untadelig, so kühn, so rein, so unsinnig"[84] — ein Urteil, das nur das Ergebnis einer Selbsttäuschung sein kann, denn da Vinci ist alles andere als unsinnig: er selbst nennt ihn ja süss, und als grausam wird er gezeigt im "Pescara". Doch scheint er auch hier von der Literatur beeinflusst zu sein: er erwähnt in einem Brief aus München Vasaris Behauptung, da Vinci habe als Erster dem menschlichen Antlitz den Ausdruck der Güte gegeben. In diesem Brief rechnet er Raffael zu dem, was er liebt[85].

Dieser Typus bezieht sich allein auf Künstler der Renaissance, er hat sich offenbar in Meyer erst nach Préfargier aus der Begegnung mit den Werken der betreffenden Künstler gebildet; es lässt sich auch kein direkter Bezug zu den Erlebnissen aus jener Zeit herstellen. Während der freche Typus Meyers jugendlich-offene Auflehnung gegen Autorität und Tradition verkörpert, entspricht der süsse Typus seiner späteren, versteckten Negierung der überkommenen Werte.

Der dämonische Künstler verkörpert Meyers Furcht vor seinem seelischen Abgrund, der sich ihm seit Préfargier mit dem Reich des Bösen verbunden hat. Da er eigentlich nur die Weiterführung der drei heidnischen Typen darstellt, gilt auch für ihn, was zu jenen gesagt worden ist.

Ausser den geschichtlichen Kunstwerken trägt hier wieder die romantische Dichtung zur Gestaltung bei, besonders bei Benvenuto Cellini. Denn ausser ihm treten noch zwei andere Goldschmiede in Meyers Dichtung auf, die beide verwerfliche Charaktere haben: der florentinische Kaufmann in der "Hochzeit des Mönchs"[86] und besonders der Goldschmied Rachis in der "Richterin"[87]. Diese Sicht des Goldschmieds erinnert an Hoffmans "Fräulein von Scudéry". Überhaupt zeigen sich in Meyers Auffassung des Dämonischen romantische Züge, wie etwa im verkommenen Klosterbruder Serapion, der auch einen ausgesprochen romantischen Namen trägt[88].

84 Frey 97
85 Frey 109
86 M 5O/28-51/12
52/9-53/9
54/35-55/10
87 R 176/27-180/34
88 vgl. Hoffmann: Klosterbruder in "Elixiere des Teufels", und "Serapionsbrüder"

Der Künstler in der göttlichen Ordnung

Die besonderen Gaben des Künstlers bedingen die besondere Art seiner Gefährdung. Die Fähigkeit, eine Welt zu schaffen, gibt ihm eine gefährliche Macht in die Hand. Wenn er sie zur Zerstörung missbraucht, wie der dämonische Künstler, so ist er dem Satan verfallen; stellt er sie aber in den Dienst des Glaubens, wie der christliche Künstler, so wird er geheiligt. Der Künstler ist in den Kampf zwischen Himmel und Hölle gespannt, aus dem es kein Entrinnen gibt. Jede Loslösung aus den Bindungen des christlichen Künstlers bedeutet einen Schritt zur Verdammnis.

Die echte, die "hohe" Kunst hält sich in der gefährlichen Mitte zwischen dem Dienst für Gott und der Verfallenheit an den Satan. Denn die Kunst braucht zur Gestaltung eine gewisse Annäherung an die Welt − Gott ist gestaltlos − , und damit setzt sie sich den Versuchungen des Satans aus. Der christliche Künstler ist dem Gestaltlosen am nächsten. Er bedient sich eines formelhaften Stiles, der alles festlegt und ihm nur die Möglichkeit des Beseelens lässt. Beim Menschen trägt das Gesicht allen Ausdruck, und deshalb ist ein Maler, der darin versagt, ein "Stümper"[89]. Diese Kunst ist Ausdruckskunst, es fehlt ihr die Formvollendung. Der dämonische Künstler besitzt diese, er hat Genie, aber ihm fehlt die Seele. Sein Kunstwerk ist innerlich hohl. Zwischen diesen beiden Polen liegt das Gebiet der "hohen" Kunst, deren Kennzeichen vollendete Form und wahrer Gehalt sind. Sie ist ein Reich für sich, abseits der Welt, aber aus ihr Anregung empfangend und auf sie zurückwirkend. Sie wirkt versöhnend, erlösend, sie ist heilig.

Die Auswirkung der künstlerischen Dogmatik in der Dichtung

Die Randgestalten und ihre Funktion

Die Eigenart Meyers, vom Gedanklichen auszugehen und seinem Stoff durch wiederholtes Vornehmen und wieder Versinkenlassen Gestalt zu geben, wobei der Stoff immer mehr mit seinem eigenen Wesen durchdrungen wird[90], bedingt die merkwürdige Erscheinung, dass die nur am Rande erscheinenden Künstlergestalten eine klare Charakteristik und sogar Typisierung erlauben, während ausgeführte Künstlergestalten umso vielschichtiger werden, je näher sie dem Mittelpunkt der Dichtung sind.

89 H 79/XXXVIII 6
90 Betsy 162f 165 94 159 161

Die Randgestalten haben keinerlei Eigenleben, sie sind nur Stimmungs-mittel und tragen zur deutlicheren Ausprägung der Fabel bei. So sind Mouton und Lafontaine in den "Leiden eines Knaben" Kontraste zur Welt Ludwigs XIV. Werner in "Engelberg" verkörpert die wehmütige Stimmung der Weltentsagung und demütigen Ergebung in Gottes Willen, welche diese Dichtung charakterisieren, während der welsche Meister als Kontrastfigur diesen Zug verstärkt. Eine wichtigere Funktion hat der Steinmetz Arbogast in der "Richterin": er ist ein Zeuge für Stemmas Unschuld, weist aber gleichzeitig auf die zukünftige Entdeckung der Schuld, indem er das Horn, das sie herbeiführt, erst auf Wulfs Grabmal abbildet und dann seinem Sohn Wulfrin bringt. Künstler und Kunstwerke sind oft kaum zu trennen, weil das eine oft das andere vertritt oder hervorruft: das Kunstwerk erweckt im Betrachter den Künstler, der es geschaffen hat, oder der Künstler gestaltet erst das Kunstwerk, das dann seine Funktion in der Dichtung ausübt. So ist es zum Beispiel im "Pescara", wo die zwei Mantovaner Maler die Kreuzigung Christi malen, und durch das Modell zum Kriegsknecht die Beziehung zwischen Pescara und Christus herstellen. Kunstwerke haben daher oft prophetischen Charakter, und ihre Schöpfer scheinen dadurch mit dem Göttlichen in besonderer Beziehung zu stehen.

Die Randgestalten als Typen

Der christliche Künstler

Der christliche Künstler ist am ausgeprägtesten dargestellt in Werner, dem jüngsten Sohn der Angela in "Engelberg". Er ist blond[91] und blauäugig[92], von zartem Körperbau[93], und schon im frühesten Jünglingsalter stirbt er[94]. Still[95] und eingezogen lebt er bei seiner Mutter, die ihn behütet[96]. Als Kind ist er folgsam[97] und anhänglich[98], von weichem Gemüt[99], das ihn auch später vor Ungestüm zurückschrecken lässt[100]. Die Liebe zur Familie überträgt sich später auf sein Vaterland[101]. Eine einfache, christliche Frömmigkeit kennzeichnet ihn. Er überlässt sich der Führung der Kirche, die durch Hilar vertreten ist[102]. Der Glaube gibt ihm den Trost, dessen sein karges Leben

91 E 61/VII 114
92 E 93/X 192
93 E 66/VIII 80
94 E 89/X 96f
95 E vgl. 62/VII 131
96 E 95/X 218-224
97 E 66/VIII 79

73/VIII 226
98 E 73/VIII 219-222
82/IX 151f
99 E 73/VIII 219-224
100 E 93/X 191ff
101 E 93f/X 194-198
102 E 73ff/X 235-272

bedarf, und erfüllt ihn mit Hoffnung auf eine "Freudezeit" nach dem "bittern Tod"[103]. Trost ist auch der Sinn seiner Kunst, die ihm das Leben, für das er zu zart ist, ersetzt[104]. Seine Beobachtungs-[105] und Gestaltungsgabe[106] bestimmen ihn zum Künstler[107]: schon als Kind formt er ein Rind aus Lehm, das in seinem Wesen der Natur völlig entspricht[108]. Mit Fleiss[109], Ernst[110] und Liebe[111] widmet er sich seiner Tätigkeit, in der ihn weder der Graf[112] noch der welsche Meister[113] stören können. Er wählt durchwegs christliche Themen für seine Kunst, denen er mit Hilfe seiner Beobachtung naturwahre Gestalt gibt: nach dem geistlichen Ratgeber der Mutter schnitzt er ein Josephshaupt[114], und nach dem frühkindlichen Eindruck der trauernden Mutter, die den toten Vater in den Armen hält, schafft er eine Pietà[115], sein letztes Werk. In dieser Art der Gestaltung zeigt sich seine Verbundenheit mit dem Vaterland: "Es dient die Kunst dem Vaterhaus,/ Ein Werk, das nicht die trauten Züge / Der Heimat trägt, mir dünkt es Lüge[116]." Die göttliche Inspiration seiner Kunst zeigt sich darin, dass ein kindlicher Einfall prophetisch ist: er setzt auf sein Bild des Grafen von Habsburg die Kaiserkrone, weil sie seiner Nase gebühre[117]. Die Kunst Werners spricht zur Seele, selbst der lebenslustige Welsche "fühlt die starke Brust bewegt / Von einem Hauch der Innigkeit"[118], er fühlt, dass diese Kunst dem Leben und der Umgebung Werners entspricht[119].

Der Gestalt Werners am nächsten ist der Münsterbauer im Gedicht "Das Münster". Er liegt im Sterben, seine hohle Wange brennt und seine Augen sind "scharf von Fieberglanz"[120]. Seine Frau winkt er weg, dem einzigen Sohn zeigt er das Werk und die Hoffnung seines Lebens, den Plan des Münsters[121]. Als junger, eben von der Wanderschaft heimgekehrter Meister wurde er vom Rat aufgefordert, ein Münster zu entwerfen[122], und er traf den Geschmack aller Bürger[123]. Doch die Begeisterung hielt nicht an, die Arbeit am Dom musste eingestellt werden[124], und statt der Kunst zu leben musste er dem Brot nachgehen, ein "wackrer Lohnknecht wie die andern"[125]. Doch er gibt die Hoffnung nicht auf, und die junge Generation erfüllt seine Erwartungen: er

103 E 92/X 156-160 94/X 199-202
104 E 75/VIII 263-269
    94/X 196-202
105 E 62/VII 131f
    83/IX 158
106 E 74/VIII 43f
107 E 74/VIII 43f
108 E 73/VIII 224-234
109 E 82/IX 150
110 E 83/IX 158
111 E 89/X 104
112 E 83/IX 157
113 E 94/X 203f

114 E 88/X 78-82
115 E 89f/X 107-112
116 E 94/X 196ff
117 E 83/IX 155-162
118 E 94/X 205-208
119 E 94/X 213-216
120 G 321/6
121 G 321/7-18
122 G 322/27-40
123 G 323/67-71
124 G 323/79-86
125 G 324/91-93

sieht sich von ihr geehrt gerade zur Zeit, da er "traurig und allein" um seinen angefangenen Dom irrt[126]. Ebenso treu ergeben wie der Vaterstadt ist er der Kirche: er wird mit dem Sakrament versehen[127], und im Fieber hört er das Amt in seinem Dom[128]. Die Kirche und der christliche Glaube sind ihm eine Einheit: das Münster wird gebaut zum Ruhme Gottes und der Heiligen[129]. Aber auch Christentum und weltliche Macht sieht er als Einheit: das Münster soll auch dem deutschen Bürgertum zur Ehre gereichen[130], und während der Arbeit am Plan stehen ihm nicht nur Christus und die Märtyrer, sondern auch die Kaiser und Helden zur Seite[131]. Sein Künstlertum versteht er als "Amt", das ihm zu "Lehen fiel"[132] und das strengen Dienst verlangt. In "langen Nächten"[133] widmet er sich seiner Aufgabe, von den Geistern zur Einfachheit angehalten[134]. Sein Werk erscheint ihm als göttliche Offenbarung: "Da war's, als ich die Kohle führte, / Dass Gott der Geist das Werk berührte"[135]. Demütig erkennt er sich als Werkzeug Gottes, dem er die Vollendung zuschreibt[136]. Der Dom ist das sichtbare Zeichen der Verbindung mit Gott, er ist der "menschlich-göttliche Gedanke"[137], der über den Kleinkram des täglichen Lebens emporwächst[138]. Der Tod lässt ihn die Vollendung erleben, die zugleich die Vollendung seines Lebens bedeutet[139].

In Werner und dem Münstererbauer wird der Typus des christlichen Künstlers sichtbar: eine von Leid und Tod gezeichnete Gestalt (nicht zufällig wird der Münstererbauer als Sterbender dargestellt), etwas kindlich und einfältig, diensteifrig und demütig sich unterordnend, eng verbunden mit seiner Heimat, gebunden an die Kirche und den christlichen Glauben, still und zurückgezogen der Kunst lebend. Sie ist ihm von Gott gegeben zur Stärkung der Gläubigen. Er fühlt sich deshalb verpflichtet, das verliehene Amt mit Ernst, Fleiss und Liebe zu erfüllen. Einfachheit und Wahrheit kennzeichnen den Stil seines Kunstwerks. Die Themen entnimmt er ausschliesslich dem christlichen Glaubenskreis: die Kunstwerke dienen der Kirche und dem Glauben. Ein Zug der Entsagung umgibt ihn. Der Tod ist die Erfüllung seines Lebens. Er ähnelt einem Heiligen – die Beschreibung des sterbenden Meisters erinnert an den Tod Christi: "Er neigt das Haupt. Er seufzt: 'Vollendet!' "[140]; die Bibelstelle lautet: " 'Es ist vollbracht'; und er neigte das Haupt und

126 G 324/107-325/122
127 G 321/2
128 G 325/127f
129 G 322/35
130 G 322/36
131 G 322/42-44
132 G 322/55
133 G 322/41

134 G 322/46-56
135 G 323/57f
136 G 323/65f
137 G 323/64
138 G 323/75f
   324/87-90
139 G 325/127-132
140 G 325/132

verschied"[141]. Der christliche Künstler vollzieht in der Schaffung seiner Werke die Nachfolge Christi.

Zu diesem Typus gehört eine Reihe von Künstlern, die weniger ausgeführt sind und meist nur aus einem Kunstwerk vom Betrachter erschlossen werden. Der Steinmetz Arbogast in der "Richterin" zum Beispiel wird nur von Wulfrin erwähnt, er tritt nicht als lebendige Gestalt in der Novelle auf. Als ein treuer[142] Knecht Wulfs[143] bringt er Wulfrin das Erbe, das Wulfenhorn, und berichtet den Tod seines Vaters[144]. Er ist einfältig[145], aber wahrhaft[146] und bescheiden[147]. Auch er stirbt, von einem maurischen Pfeil getroffen[148]. In der Kunst bleibt er der Tradition seiner Heimat verpflichtet, er meisselt das Grabmal seines Herrn nach den schwäbischen Gebräuchen[149]. Die Gesichtszüge sind offenbar ähnlich, denn sowohl Wulfrin[150] als auch die Richterin[151] fühlen sich angesprochen. Arbogasts Treue zum Herrn und zur Heimat, seine Wahrhaftigkeit, seine Bindung an die traditionelle Darstellung und die Naturwahrheit des abgebildeten Gesichts kennzeichnen ihn als christlichen Künstler.

Arbogasts Kunst verwandt ist diejenige des sächsischen Steinmetzen, von dem das Grabmal Beckets im "Heiligen" stammt: "Nicht des Mannes Kunst, aber die Ähnlichkeit des Bildes war gross; denn er hatte sich den Primas bei dessen Lebzeiten wohl eingeprägt und sich seines Antlitzes bemächtigt[152]."

Die Schwäche dieser Kunst, die hiermit angetönt wird, tritt auch beim Steinwerk hervor, das Poggio in "Plautus im Nonnenkloster" betrachtet: "Der alte Meister hatte — absichtlich oder wohl eher aus Mangel an künstlerischen Mitteln — Körper und Gewandung roh behandelt, sein Können und die Inbrunst seiner Seele auf die Köpfe verwendend, welche die Verzweiflung und das Erbarmen ausdrückten[153]." Auch Poggio, wie der Welsche vor Werners Pietà, ist ergriffen[154].

In "Huttens letzte Tage" findet sich eine weitere Künstlergestalt dieser Art: der Meister, der die Madonna des Dorfkirchleins geschaffen hat. Zarte Formen und mildes Lächeln rühren den Betrachter, er fühlt die Mühe und Liebe, die der Meister an das Werk gewendet hat, und die Frömmigkeit und göttliche Inspiration, die das Gebilde beseelen[155].

141 Joh 19,30
142 R 166/13
143 R 166/10
144 R 166/9-12 17f
145 R 195/13
146 R 168/28f
147 R 195/14
148 R 166/13f

149 R 195/14-16
150 R 193/20f
151 R 225/26ff
152 HI 138/10ff
153 Pl 141/24 ff
154 Pl 141/29
155 H 110/XLII 17-29

Auch der Maler im Gedicht "Nach einem Niederländer" gehört hieher, dessen Tochter in der Blüte ihrer Jahre stirbt. Das kleine, zarte Bild, das er von der jungen Toten malt, tröstet ihn: er beschaut es "liebevoll", und mit leichter Hand setzt er eine Knospe des Blumenkranzes. Seine Dienstfertigkeit, sein Leid und das liebevolle Arbeiten reihen ihn diesem Künstlertypus zu, wenn er auch kein christliches Thema behandelt[156].

In den historischen Künstlern ist dieser Typus naturgemäss weniger ausgeprägt. Milton ist der einzige, der mit einiger Breite dargestellt wird. Die Blindheit, das bleiche Antlitz, die wunde, "still" blutende Stirne, die christliche Sprache deuten auf den christlichen Künstler; allein das Gewaltsame im Umgang mit seiner Tochter, die innere Auflehnung gegen seinen König und dessen Gefolgschaft und die Rache, die er mit Hilfe seiner Kunst an ihnen ausübt, passen nicht ins Schema[157]. Im "Hutten" werden Dürer[158] und Holbein[159] erwähnt; die Charakterisierung ihrer Kunst als deutsch und christlich weist sie derselben Künstlergruppe zu.

Der heidnische Künstler

Der Typus des heidnischen oder — wie man auch sagen könnte — des sinnlichen Künstlers ist nicht so einheitlich wie derjenige des christlichen. Er zerfällt in Untergruppen, die nicht scharf voneinander zu scheiden sind, weil der Typus als Ganzes eine Emanzipation vom christlichen bedeutet. Diesem am nächsten sind die Künstler, welche zwar innerhalb der christlichen Kunst bleiben, dabei aber — bewusst oder unbewusst — eine heidnische Gesinnung hegen. Sie treten in zwei Formen auf, dem frechen bis verkommenen Künstler einerseits und dem süssen bis grausamen andrerseits.

Wie der freche Künstler aus dem christlichen hervorgeht, beleuchtet am besten eine Malergestalt, die für den "Pseudoisidor" geplant war. Dieser Maler "hatte sich, im Gegensatz zu der Klosterkunst, ein eigenes Verfahren gebildet, zwar innerhalb der gegebenen unüberschreitbaren Typen verharrend, aber doch darüberhinaus irgend eine Bewegung, Geberde erhaschend"[160]. Typenmässig schliesst er an Werner an, aber statt wie dieser und die andern Künstler dieser Richtung nur auf das Gesicht zu achten und nur dieses nach einem Modell zu bilden, in allem übrigen aber sich an die Tradition zu halten, legt er nun auch dem Körper eine lebendige Form zugrunde. Überdies stimmt das

156 G 166
157 G 388f
158 H 21/IV 5

76/XXX 5-8
159 H 156/LXV 1f
160 N 265

Wesen des Modells und des Dargestellten bei den christlichen Künstlern überein[161], während dieser freche Autodidakt[160] für den Gerichtsengel ausgerechnet einen Mönch wählt, der heimlich Urkunden fälscht, was diesem ein "frevles Lächeln"[160] entlockt. Es deutet an, dass der Maler keine Beziehung zum christlichen Thema hat, denn sonst würde er einen Menschen mit reinen und strengen Zügen aussuchen und nicht den Fälscher mit seinem weichen und zarten Gesicht[162]. Es kommt ihm eben nicht auf die innere Wahrheit des Bildes, sondern auf dessen äusseren Effekt an. Auch sein Wandern[160] deutet darauf hin, dass die mannigfachen Bindungen des christlichen Künstlers in der Auflösung begriffen sind.

Einen Schritt weiter weg sind die beiden Mantovaner Maler, "begabte junge Leute, aber von bedenklichen Sitten"[163]. Skrupellos gebrauchen sie den Menschen als Material für ihre Kunst und treiben noch ihren Spass mit ihm[164]. Und doch ist ihr Bild der Wahrheit näher als alle ahnen.

Völlig vom Christentum entfernt ist der Tiermaler Mouton in den "Leiden eines Knaben". Er ist nicht einmal getauft[165] und ohne Katechismus aufgewachsen[166], er kennt weder Bischöfe noch Prediger[165]. Er kennt aber offenbar das Christentum in seinen Symbolen — die er ablehnt — , dem Dreieck, dem Tauber und dem Gekreuzigten[167]. Obwohl er "göttlich" als dummes Wort bezeichnet, ist er doch geneigt, es auf das Stierhaupt[168], den "Gipfel der . . . Natur"[169], anzuwenden. Er fühlt sich überhaupt "unter Pflanzen und Tieren heimisch"[170]. Er ist ein Landstreicher[171], um Staat und Gesellschaft kümmert er sich nicht[172]. Die menschliche Geisteskultur lehnt er ab[173], er kann auch nicht lesen[174]. Wenn er trotz seiner Menschenfeindlichkeit, die auch vor seinem Wohltäter nicht Halt macht[175], jemanden mag, nennt er ihn einen "Viehkerl"[176]. Sein intimster Freund ist ein Pudel, dem er seinen eigenen Namen gibt[177]. Er selbst ist ein halbes Tier[178] mit derbem Schädel und behaarter Hand[179]; seine Manieren sind gänzlich verkommen[180], die Kleider und Schuhe sind durchlöchert, er ist mangelhaft angezogen[181],

161 E 74/VIII 254-260
162 N 263
    265
163 P 251/21f
164 P 256/24-33
165 K 122/15-17
166 K 124/34
167 K 125/10f
168 K 125/8-10
169 K 124/31f
170 K 123/11
171 K 123/18
172 K 122/11-31
173 K 126/3f 32

174 K 122/30 127/12f
175 K 126/35-127/10
    134/30 135/2
    141/16-20
176 K 122/22f
    125/4-7
177 K 122/30ff
178 K 126/16-22
    123/27
179 K 123/29f
180 K 122/9 vgl. 101
181 K 122/2-4
    127/16-18

und er ist auch schmutzig[182]. Er säuft gebranntes Wasser[183], was schliesslich zur Vertierung führt: er schnappt nach Fliegen und gähnt "mit hündischer Miene ..., ganz in der Art seines abgeschiedenen Freundes". Wie ein Tier fühlt er seinen Tod nahen und stirbt wie ein Tier[184]. Aber er ist ein genialer Maler[185]. Mühelos wirft er "mit ein paar entschiedenen Kreidestrichen" eine gelehrte Eule oder einen possierlichen Affen auf das Papier[186], "flott und freigebig" geht er mit Farbe und Pinsel um[187]. Seine Zeichnungen sind "freche Würfe"[188], ein Saal mit Hirschjagden ist "von unglaublich frecher Mache"[189]. Sein "Malerauge"[190] ist untrüglich, er kennt die Gestalt jedes Tieres genau[191], und auch die Gestalt Julians erfasst er in allen ihren Körperformen[192]. Unbewusst erkennt er auch die Situation Julians: "in genialer Dumpfheit" träumt er deren sinnbildliche Darstellung auf ein Blatt hin[193]. Aber seinen Werken mangelt der Gehalt: ein Bild mit zwei Kühen wird "Ein Nichts" genannt[194]. Schon in der Nachahmung Julians werden die Bilder "leise geadelt"[195].

Vielleicht gehört auch Lafontaine in diese Gruppe der frechen Künstler, da Fagon ihn den "guten – oder auch nicht guten –" nennt, seinen Umgang mit schlechter Gesellschaft erwähnt und seine "Freiheiten" in der guten[196]. (Besonders da er in derselben Novelle wie Mouton vorkommt, was bei Meyer nicht zufällig ist).

Der "süsse" Künstler unterscheidet sich vom christlichen zunächst nur durch den süsslichen Stil, der das Eindringen einer gewissen Sinnlichkeit anzeigt. Sacchis Bild "Die Kartäuser"[197] hat diese Eigenschaft; das Unechte, der Widerspruch zwischen Darstellung und Thema wird angedeutet im humoristischen Stil der Beschreibung, in den Verkleinerungsformen ("ein Stündlein büssen" – "ein Stündlein beten") und in der Wendung "göttlich milde", die Meyer ausschliesslich für den heidnischen Bereich verwendet[198].

Auch Raffaels Attribut ist "süss"[199], neben "fromm"[199] und "lieblich"[200]; er hat nur noch eine geringe Beziehung zum Christentum: er malt zum "Glanz"[201] des Papstes und zur Verherrlichung seines Palastes[202] statt zum

182 K 127/21
183 K 134/34-135/1
184 K 141/4-20
185 K 124/19-21
    136/4
186 K 123/12-14
187 K 124/8f
    125/14-17
    127/11
188 K 135/7
189 K 122/21
190 K 135/26
191 K 123/12ff
    124/28-31

    125/8f
192 K 135/25f
193 K 135/15-136/5
194 K 124/9-14
195 K 135/7-9
196 K 108/1-8
197 G 169
198 H 51/XXIII 22
    G 137/38,41
199 G 348/31f
200 P 237/24f
201 H 41/XII 37
202 G 178/2

Ruhme Gottes, und die Demut vor Gott ist der Verherrlichung des Menschengeistes[203] gewichen.

Pergolese spielt zwar das Requiem auf der Orgel, aber in die traditionelle Musik mischt er einen "süssen Liebeston": sein eigenes Lied, das er als Ständchen für seine Geliebte komponierte; ein Zug von Grausamkeit liegt in der Beimischung von "Schrecken" in das Liebeslied, wie auch in der Verwendung dieses Liedes im Requiem, wenn die Geliebte tatsächlich gestorben ist[204].

Der "süsse Lionardo da Vinci" endlich ist eine undurchschaubare Mischung: "der Bildner des zärtlichsten Lächelns" liebt "zugleich die Fratze und das Grauen". Als "Spiel einer grausamen Laune" malt er in wenigen Stunden "unter dem Vorwande einer Verherrlichung seines Fürstenhauses" einen scheuseligen Kranz von Schlangen und Drachen, "das Werk einer unerschrockenen Einbildungskraft, die sich daran geübt hatte, den Ungetümen und dem nackten Kinde in dem verschlingenden Rachen eine Folge von natürlichen Bewegungen zu geben"[205]. Hier ist die Kunst selbstherrlich geworden, ein Spiel, das auch vor dem Grausamen nicht zurückschreckt.

Einen andern Weg geht der lebensfreudige Künstler: er steht unter dem starken Einfluss der Antike und bewahrt nur noch Reste des Christentums. Typisch ist der welsche Meister in "Engelberg". Er ist in allem das genaue Gegenteil von Werner: ein starker[206], bärtiger[207] Mann mit feurigen Augen[208] und raschen Bewegungen[209], wanderlustig[210] und unabhängig[211], voller Unternehmungsgeist[212] — ein Weltmann. Sein Glaube ist durchaus heidnisch: sein Himmel ist von "Götterbildern still bewohnt"[213], und nach dem Tod sieht er nur Nacht[214]; aller Sinn des Lebens liegt für ihn im Diesseits. Trotzdem hält er sich für fromm und erinnert an die Forderung Christi "Seid vollkommen", aber er deutet sie um: "Vollkommnes will auch ich erstreben — / Ich selbst kann nicht vollkommen heissen, / Drum will ich's keck dem Stein entreissen[215]." In der Schaffung vollendeter Werke sieht er die Vollendung seiner selbst. Seine Kunst ist nicht Ersatz, sondern Verherrlichung des Lebens[216]. Selbst Grabbilder tragen die Züge des Lebens: der Verstorbene lehnt an seinem Schild und "lächelt stolz im Marmorbilde"[217]. Nicht der christliche Glaube, sondern die Antike mit ihren Kunstwerken und ihren

203 P 174/4-6
204 G 352f
205 P 217/15-34
206 E 94/X 191 207
207 E 94/X 212
208 E 90/X 115f
209 E 88/X83 93/X 183 188
210 E 87/X 49
     89/X 101f
211 E 87/X 59-102
212 E 89/X 93f 101f
     90/X 119-124
     92f/X 170-176
213 E 91/X 140
214 E 93/X 177f
215 E 92/X 163-178
216 E 92/X 164
217 E 91/X 151f

"Lichtgestalten holder Sage"[218] liefern den Stoff für diese Kunst. Der welsche Meister ist dem Michelangelo der Gedichte verwandt und wahrscheinlich dessen Vorläufer.

Auch das Gedicht des Camoens reift "in des Sonnengottes Strahlen"[219]. Tizian ist auch zu diesem Typus zu rechnen, obschon er selbst nur als Maler christlicher Stoffe genannt wird[220], denn die Venus aus seiner Schule[221] deutet auf eine Verbindung mit heidnischen Elementen. Chastelard, der seine Dichtung ganz in den Dienst der Liebe gestellt hat[222], spricht von einer Christusstatue wie von einem heidnischen Götterbild[223]. Sogar König René, der "fromme Lautenschläger"[224], ist innerlich nicht mehr ganz vom christlichen Heil überzeugt, da er so ungeniert damit scherzt[225].

So führt in jeder der drei Gruppen heidnischer Künstler eine andere Eigenschaft vom Christentum weg: beim frechen Künstler ist es die sittliche Ungebundenheit, die schliesslich in völliger Verrohung, ja Vertierung endet, beim süssen Künstler die weiche Sinnlichkeit, die zur Grausamkeit neigt, und beim lebensfreudigen Künstler die Bindung an das Irdische. Nur die letztgenannte Gruppe führt zu einer Kunst, die der christlichen ebenbürtig ist, weil sie nicht einen falschen Schein aufrecht erhält, sondern innere Wahrhaftigkeit besitzt und in anderer Form dem Göttlichen dient. Sie ist die einzige Gruppe, die weder sittlich noch künstlerisch entartet. Die Kunst der "Frechen" neigt zur inneren Leere, die Kunst der "Süssen" zum grausamen Spiel; beide führen zur Verneinung der christlichen Werte und damit zur Sünde und dem Verlust der Seele.

Der dämonische Künstler

Die drei Typen heidnischer Künstler führen in ihrer letzten Konsequenz zum dämonischen, oder vielleicht besser zum verbrecherischen Künstler.

Aus dem frechen Typus geht Pietro Aretino hervor, "ein vielversprechender junger Mann", "ein wanderndes Talent"[226], von ungeheurer Eitelkeit[227], schamlos[228], geldgierig und käuflich[229]. Seine Kunst ist nur Mittel zur Macht: "Seine Briefe, an wahre oder erfundene Personen, in tausend und tausend Blättern ausgestreut, sind eine Macht und beherrschen die Welt[230]. " Gegen

218 E 91f/X 149-154
219 G 330/31-35
220 G 163/5-8
    J 94f
221 J 121/9-14
222 G 41
    G 372f
223 G 372/13f

224 G 295/1
225 G 295/19-24
226 P 172/22-24
227 P 240/30f
228 P 241/6f
229 P 172/32-35
230 P 172/30f

eine "sehr starke Summe"[231] ist er bereit, für die "teuflische Umgarnung"[232] Pescaras zu sorgen. Unter den Schriften[233], die er zu diesem Zweck verfertigt, befindet sich auch ein Sonett: "Vittoria an Pescara[234]." Künstlerisch ist es tadellos: "Es sind Verse, die dir keine Schande machen", sagt Pescara zur empörten Dichterin[235]. Sie wird während des Lesens überwältigt von der suggestiven Kraft des Gedichts, aber Pescara durchschaut es: "Das Sonett . . . hat sich auf deinen Lippen wunderbar veredelt, aber es ist innerlich hohl und stammt aus einer niedrigen Seele[236]."

Aus dem süssen Typus stammt Benvenuto Cellini. Darauf deuten nicht nur die Verkleinerungsformen "Fischchen" und "Lämmlein", sondern noch mehr die Grausamkeit, die bis zu Mord und sadistischem Genuss geht: mit glühenden Blicken folgt er jedem Schnitt, den der Arzt mit seinem Messer im Finger seines Kindes macht. Er ist im Grunde nicht weit von Lionardo entfernt, auch er ist ambivalent: der vielfache Mörder schmiedet besonders feine Messer, um seinem Kind Schmerz zu ersparen. Seine Kunst ist "ungeheuer", das heisst von gewaltiger Formvollendung[237].

Aus dem lebensfreudigen Typus endlich entwickelt sich Bertram de Born. Er hat brennende Augen und flatternde Haare[238], seine Kleidung ist schwarz und enganliegend mit einer feinen Stickerei von Gold und Purpur auf der linken Seite, ein Herz darstellend[239]. Er preist seinen Landsleuten die Genüsse der Heimat, die "von Oel und Wein triefenden Hügel, die alte Freiheit" der römischen Städte, die "glücklichen Porte, wo die Waren und Gedanken der Erde getauscht werden", die "vollkommenen Weiber", die "süsseste Sprache". "Kinder der Sonne" und Begünstigte nennt er seine Landsleute[240]. Er selbst gibt sich jedoch nicht dem Genusse hin, er scheint seiner überdrüssig geworden zu sein, wie seine Worte ahnen lassen: "Liebet, bis ihr in der Liebe den Hass findet[241]!" Der Überdruss lässt ihn die Welt als schal empfinden, er sieht in ihr das "Reich der Täuschung"[242]. Die "Wahrheit der Dinge"[243] findet er dementsprechend im Hass, er ist "der allmächtige König der Welt"[244]. Seine Kunst dient der Zerstörung: wo er ist, zerschneidet er "mit scharfem Schwerte und noch schärferer Zunge . . ., wie ein Engel der Zwietracht Bande der Natur" und mordet den Frieden[245]. Er bekennt sich als Diener Luzifers: "Bischof! Die Wette gilt: wer von uns beiden König Heinrich von Engelland am tiefsten in die Hölle stürze! Dort will ich ihn finden und, mein Knie auf

231 P 172/32f
232 P 173/11f
233 P 205/25-31
234 P 240/3ff
235 P 239/31-35
236 P 240/25ff
237 G 351
238 Hl 109/31

239 Hl 110/21-23
240 Hl 110/1-8
241 Hl 110/13f
242 Hl 110/13
243 Hl 110/15f
244 Hl 110/11
245 Hl 109/8-11

seiner Kehle, einen Triumphgesang anstimmen, dass die Höllenkreise sich dehnen, die Verdammten zu Riesen werden, und was darüber schwebt in sein Nichts verschwindet!" Der Tod Christi ist nicht die Erlösung, sondern die "Verdammnis der Menschen[246]." In diesem Künstler ist die Nachfolge Christi umgeschlagen in die Nachfolge Luzifers.

Die Welt des Künstlers

Das Verhältnis zur Welt

Die Künstlergestalten Meyers haben trotz grossen Wesensunterschieden einen gemeinsamen Hintergrund. Alle stehen mehr oder weniger unbeteiligt abseits des Weltgeschehens. Wenn er historische Künstler aufgreift, die sich politisch betätigt haben, so stellt er sie dar in der Zeit, da diese Tätigkeit abgeschlossen hinter ihnen liegt: Hutten als Sterbenden auf der Insel Ufenau, Dante in der Verbannung am Hofe Cangrandes, den erblindeten Milton in der wieder errichteten Stuartmonarchie[247].

Zwischen dem Künstler und der Gesellschaft liegt die trennende Andersartigkeit. Der Künstler wird von der Gesellschaft nicht voll anerkannt, weil er sich absondert. Sie begegnet ihm mit Gleichgültigkeit, Misstrauen oder offener Feindschaft. Camoens muss gegen "Bosheit, Neid, Verleumdung"[248] kämpfen, Schiller wird wie ein Verbrecher bestattet — in einem gemeinen Tannensarg, ohne Kranz und Geleit[249] —, und in der "Angela Borgia" werden von allen Verschworenen die drei Künstler am grausamsten bestraft[250].

Viele Künstler rächen sich dafür in ihren Werken: Dante in seiner Abendgeschichte, Milton[247] in seinem Epos; Lionardo bemalt einen Saal im Palast der Sforza mit einem "scheuseligen Kranz" von Schlangen und Drachen, den Wappenbildern der Sforza und Visconti, "unter dem Vorwande einer Verherrlichung seines Fürstenhauses"[251].

Alle Künstler sind abhängig von ihren Auftraggebern oder Gönnern und müssen in bescheidenen oder ärmlichen Verhältnissen leben: Ariost und Dante sind auf die Gunst der Fürsten, Mouton auf die Wohltätigkeit Fagons angewiesen[252], Hutten wird von Zwingli betreut[253], Werner von seiner Mutter behütet[254], Camoens liegt krank in der ärmlichen Kammer eines Spitals[255]. Es

246 Hl 111/15-22
247 G 388f
248 G 330/28
249 G 23
250 An 69/26-28
    An 70/12-15
251 P 217/15-35

252 K 123/16-21
    K 141/18
253 H 15/I 3f
    H 76/XXX 9
    H 58/XXI 3f
254 E 95/X 218-222
255 G 329/1-3

eignet ihnen eine gewisse Hilflosigkeit im praktischen Leben. Symbolisch ist dies ausgesagt bei König René:

"An seiner Stirn verglomm der Kronen Glanz,
Da haftet nichts als nur ein Lorbeerkranz[256]".

Die meisten leben abseits der Gesellschaft, wie Hutten, Milton[247], Mouton[257], Werner[258], oder suchen ihr auszuweichen wie Dante, Michelangelo, Lafontaine[259]; selbst ein so freundlicher Künstler wie Ariost hat keine innere Beziehung zu ihr. Sogar die engeren menschlichen Bindungen fehlen den meisten. Ariost hat Freunde, Aretino einen "Zeltgenossen[260]", und in einem Gedicht wird die Freundschaft zwischen Goethe und Schiller[261] gerühmt. Sonst stehen die Künstler ziemlich allein und auf sich selbst beschränkt in der Gesellschaft. Nur wenige haben ein Verhältnis zu Frauen: nur der Münstererbauer und Ariost sind offenbar verheiratet; der erstgenannte winkt aber seine Frau von seinem Sterbebette weg, er will nur mit dem Sohn reden[262]. Pergolese hat eine Freundin, aber sie stirbt[263]. Der Niederländer[264] und Milton[247] haben eine Tochter, es ist also anzunehmen, dass sie verheiratet sind oder waren.

Meyers Künstler leben in innerer und deshalb meistens auch äusserer Einsamkeit.

Die Haltung zur Religion

Am wenigsten Gemeinsames haben Meyers Künstlergestalten im Religiösen. Doch ist für die meisten die Kirche keine Autorität. Wenn sie christlich sind, legen sie den christlichen Glauben auf eine oft sehr eigenartige Weise aus. An ein Göttliches in irgendeiner Form glauben jedoch alle, keiner ist Atheist. Aber die Religion ist keinem die Hauptsache, auch dem Christlichsten mischen sich aesthetische Begriffe in die religiöse Sprache: das aesthetische Empfinden wird dem religiösen unterschoben oder nimmt dessen Stelle ein.

256 G 295/3f
257 K 123/11
258 E 89/X 103
259 K 108/1-8
260 P 240/35

261 G 108/33f 47
262 G 321/7f
263 G 252f
264 G 166

Die Hingabe an die Kunst

Starke Phantasie, aesthetisches Empfinden, scharfe Beobachtungsgabe und der Trieb zur Gestaltung sind allen Künstlern gemeinsam. Immer wieder werden diese Eigenschaften hervorgehoben. Sie sind es, die den Künstler dem gewöhnlichen Leben entfremden und ihn veranlassen, sich in seine eigene Welt, die Welt der Kunst, zurückzuziehen. Alles, was er erlebt, mündet in die Kunst, ja er erlebt schon durch dieses Medium. Dadurch wird ihm alles zum Material, und es braucht nur noch die Inspiration, damit das Kunstwerk entsteht. Die Inspiration ist das, was den Künstler an das Numinose bindet, es ist immer ein ausserhalb des Künstlers Liegendes. Nacht und Dämmerung sind die Zeiten, die für sie besonders günstig sind, und der Traum gilt als verwandt. Aus dieser traumhaften Abgeschlossenheit und der gesteigerten Konzentration aller Kräfte auf das Ziel der Vollendung wächst das Kunstwerk.

Meyer als Künstler

Die Welterfahrung, die hinter allen Künstlergestalten steht, ist Meyers eigene. Zeitlebens hatte er mit Unverständnis zu kämpfen, selbst in seiner engsten Umgebung, wovon die Briefe ein anschauliches Zeugnis geben. Wäre er auf die Schweiz oder gar nur auf Zürich angewiesen gewesen, er wäre nie durchgedrungen. Er kannte daher die Bedeutung eines Gönners und wusste um die demütigende Abhängigkeit des Künstlers von der Gesellschaft. Dem praktischen Leben stand er hilflos wie ein Kind gegenüber, er hat immer andere für sich sorgen lassen — ausser in Paris, dem ersten und letzten Versuch, echte Selbständigkeit zu erringen, eine Anstrengung, der er nicht lange gewachsen war. Er war darum am liebsten bei sich zu Hause, ausserhalb der Stadt, um möglichst wenig am Gesellschaftsleben teilnehmen zu müssen. So zog er sich ganz in die Welt der Kunst zurück, die ihm allein entsprach.

Die verschiedenen Künstlertypen verkörpern ausnahmslos Möglichkeiten seiner Künstlerpersönlichkeit; deshalb unterscheiden sie sich eigentlich nur im Religiösen und Moralischen, denn dort befinden sich die Konfliktherde, die er durch die Gestaltung aufzulösen suchte. In den Künstlertypen gestaltete er die Möglichkeit, die er ersehnte oder fürchtete, immer aus der Sicht der christlichen Weltordnung. Nur selten erwähnt er klassische oder arabische, also vor- oder ausserchristliche Künstler, die immer in paradiesischer Unschuld und Schönheit gezeigt werden[265]; von ferne erscheint damit die nur von

---

265 zB. im Gedicht "Die Gaukler" vgl. die Tröstung im Hl 65

Bertram de Born ausgesprochene Anklage, dass der Tod Christi die Verdammnis der Menschen sei[266]. Sogar in den Randgestalten, die am stärksten und unmittelbarsten unter dem Einfluss seines "offiziellen" Weltbildes stehen und am wenigsten erlebt sind, dringt also die ursprüngliche Anlage durch. Es zeigt, wie stark die beiden Mächte sind, die um die Herrschaft ringen.

Eine ganz andere Bedeutung haben die ausgeführten Künstlergestalten: sie sind Stationen in Meyers Künstlerlaufbahn, in ihnen kristallisiert sich sein jeweiliges Selbstverständnis. Diese Gestalten sind mehr erlebt, sie lassen sich nicht schematisch einordnen, obwohl auch sie vom dogmatischen Überich beeinflusst sind, obwohl auch sie unter dessen Kontrolle stehen.

266 Hl 111/15-16

ZWEITER TEIL: PORTRÄTÄHNLICHE KÜNSTLERGESTALTEN

Analyse

Hutten

Seine Stellung zum Reich, seine Liebe zum Volk und die menschlichen Beziehungen

Hutten gehört als Ritter dem Reichsverband an. Er fasst seinen Stand als eine Verantwortung auf. Leidenschaftlich bezieht er Stellung zu den Tagesfragen in Wort und Tat[267]. Er ist so durchdrungen von dieser Haltung, dass er vom Wahlkollegium als einem "wir" spricht[268], obwohl er selbst nicht dazugehört.

Sein Verhältnis zum Kaiser ist zwiespältig: er nennt sich "des Kaisers treuster Untertan[269]", und bringt ihm einen Trinkspruch dar[270], aber dem Sickingen rät er zur Empörung[271], und er selbst arbeitet gegen ihn, indem er die von Karl begünstigte Kirche bekämpft[272]. Es ist der Zwiespalt zwischen Idee und Wirklichkeit. Seine Treue gilt nicht der Person, sondern der Stellung, mit der er bestimmte Vorstellungen verbindet. Vom Kaiser erwartet er die ordnende Kraft:

"Ein edles Ross ist unsre Zeit. Es stampft.
Es wiehert mutig. Seine Nüster dampft.

Ob er die Zügel klug und kühn ergreift?
Ob er's bewältigt? Ob's ihn wirft und schleift[273]? "

Sein Orakel enthüllt jedoch eine zaudernde Persönlichkeit, die rückwärts blickt, der vorwärtsdrängenden Zeit nicht gewachsen[274]. Er ist enttäuscht von Karl V. und fühlt sich deshalb nicht zum Gehorsam verpflichtet.

Auch die Fürsten entsprechen nicht seinen Vorstellungen. Herzog Ulrich von Schwaben missbraucht seine Macht zu Mord und Ehebruch[275], die Religion als Mittel zur Macht[276]. Der niedere Adel und das Volk bieten sich fremden Königen an, statt dem eigenen Land zu dienen[277]. In jedem Stand sieht er Eigennutz und Eigenwille:

267 19f/III
268 45/XV 4
269 67/XXVI 11
270 75/XXIX 53
271 67/XXVI 12
272 42/XIII

273 45/XV 5-8
274 45f/XV 9-22
275 34f/X
276 140f/LVIII 39-58
277 88/XXXVI 13-16

"Fürst, Pfaffe, Bauer, Städte, Ritterschaft,
Ein jedes trotzt auf eigne Lebenskraft!

Nichtsnutzig eine Freiheit, die vergisst,
Was sie der Reichesehre schuldig ist[278]!"

Ihm schwebt ein geeintes und starkes Reich vor, in dem jedes Glied zum Ganzen beiträgt.

Obwohl in der Gegenwart keine Anzeichen dafür vorhanden sind, dass sich seine Reichsidee je verwirklichen wird, gibt er sie nicht auf, sondern hofft auf die Zukunft:

"Geduld! Ich kenne meines Volkes Mark!
Was langsam wächst, das wird gedoppelt stark.

Geduld! Was langsam reift, das altert spat!
Wann andre welken, werden wir ein Staat[279]."

Diesem fernen Ziel gelten seine Anstrengungen. Er glaubt ihm zu dienen, wenn er der Freiheit zum Sieg verhilft[280]; er bekennt sich als "Feind von jeder Tyrannei[281]", und in ihrer Bekämpfung sieht er das ihm bestimmte Amt[282], für das er sein Leben einsetzt[283], Familie[284], Besitz[285], Gesundheit[286], Freunde[287] opfernd, bis er schliesslich allen menschlichen Bindungen entfremdet, von wenigen Freunden noch gestützt[288], auf einer Insel seinem Ende entgegensieht. Im Rückblick bereut er zwar, sein Amt zu spät erkannt und zu wenig erfüllt zu haben[289], aber er empfindet auch die Verluste[290]. Beim einsamen Trinken sehnt er sich nach Gesundheit und Liebe[291]. Er verwünscht sein unverträgliches Gemüt, seine Wanderlust und Ungeduld[292].

"Du warst zu kühn, und streckst du dich erbleicht,
So wird es dir und wird den andern leicht ...[293]"

Zweifel am Sinn seines Opfers steigen in ihm auf, er vergleicht sich mit dem Ritter Bayard, der einer verschollenen Vergangenheit nachlebte und

278 89/XXXVI 17-20
279 89/XXXVI 27-30
280 138/LVIII 9-12
281 66/XXV 13
282 130/LIII
283 53/XVIII 19-22
284 56/XX 25-28
285 56/XX 25-28
286 52/XVIII 11-14
287 83/XXXIV 1-8
288 15/I 3f, 73/XXIX 1f
289 130/LIII
290 83/XXXIV 1-8
    141/LVIII 61-70
291 74/XXIX 31-40
292 66/XXV 6-8
293 83/XXXIV 7f

erkennt sich als fahrenden Ritter, der nicht zur Gegenwart taugt[294]. Sein Ziel erscheint ihm als Utopie, ja sogar als Wahn[295]. Im Sturm überfällt ihn die Verzweiflung; mühsam ringt er sich zu Hoffnung und Glauben durch:

"Gesättigt wird das menschliche Geschlecht
Mit Wahrheit werden und getränkt mit Recht[296]!"

Ungeachtet des Zweifels an seiner Sendung erfüllt ihn eine starke Vaterlandsliebe. Deutsche Landschaft[297], deutsche Sprache[298], deutsche Ehre[299] und Ruhm[300] gehen ihm über alles. Vor allem fühlt er sich mit seinem Volk verbunden:

"Ein jeder weiss, dass ich der Hutten bin,

Den weder Zeit noch Tod noch Acht noch Bann
Vom Herzen seines Volkes scheiden kann[301]! –"

Rom verbittert ihn: "Mein Volk verachtet sehn! Das würgt und brennt[302]!" Fortan sieht er seine Aufgabe in der Befreiung des Volkes von der römischen Bevormundung[303]. Das Huttenlied bestätigt ihn in dieser Rolle; aber es zeigt auch seine Einsamkeit als Mensch: das Lied wird gesungen von fahrenden Schülern, die ihn nicht kennen, und er hört es, ohne von ihnen gesehen zu werden[304]. Seine Verbundenheit mit dem Volk ist eine geistige Beziehung, die durch seinen Tod erst ihre volle Wirksamkeit entfaltet: er prägt das Bild der Edeltraube, "die heut gekeltert wird und morgen kreist / In Deutschlands Adern als ein Feuergeist[305]."

Seine handgreiflichen Beziehungen mit dem Volk sind flüchtiger Art: ein Gespräch mit einem Wirtskind[306], Zusammenstösse mit der Mainzer Scharwache[307], Zechgelage[308], Tischgesellschaften[309]. Es ist das Bedürfnis nach Geselligkeit[310], in dessen Befriedigung er nicht wählerisch ist:

"Allein zu trinken ist mir schwer verhasst,
Ein Mönchlein selber wär' mir recht als Gast[311]."

294 38/XI 37f
295 144/LIX 11-18
296 144/LIX 27f
297 39/XII/9f
  76/XXX 7f
298 78/XXXI 6 26
  128/LII 23f
299 40/XII 24
  88/XXXVI 13-30
300 68/XXVI 17f
301 56/XX 34ff

302 40/XII 24
303 42/XIII
304 87/XXXV
305 156/LXV 12ff, vgl. 20/III 19ff
306 48/XVI 32ff
307 50/XVII 5-8
308 48/XVI 28-30
  111/XLIII
309 115/XLVI
310 109/XLII 1f
311 74/XXIX 17-20

Etwas Unechtes ist in diesen Begegnungen, er wahrt den inneren Abstand, wie das Zusammentreffen mit den Bilderstürmern zeigt: er verleugnet die innere Stimme seiner öffentlichen Rolle zuliebe[312] und lobt den Landwein, obwohl er ihm den Mund zusammenzieht[313].

Diese innerliche Ferne besteht trotz vieler Wärme auch in seinen Freundschaften. Seine Freunde sind hauptsächlich Kampfgefährten; so bezeichnet er den Sickingen, seinen liebsten Freund, der ihm als Todesbote erscheint[314]. Zwingli[315] und der Komtur von Küsnacht[316] sind Glaubensgenossen. Sobald sich aber ein Freund von seinen Überzeugungen entfernt, ist ihm die Fortführung der Freundschaft nicht mehr möglich: den Mainzer Kurfürst gibt er auf, weil er die reformierte Sache verrät[317]; Erasmus ist "tot und abgetan", weil er sich nicht für die Reformation gewinnen lässt[318]. Was sich gegen seine eigene Person richtet ist ihm unwichtig, er vergibt es[318]; aber den Verrat an der "Wahrheit" verzeiht er nicht[318]. Engen Bindungen ist auch sein unstetes Leben abträglich. Der einzige, mit dem er näher zusammenkommt, ist sein Gastgeber, der geistliche Arzt. Aber auch mit ihm verbindet ihn mehr die praktische Seite seines Aufenthaltes als innere Zuneigung[319]. Sein Drang nach Ungebundenheit spricht sich drastisch aus in seinen Sterbeworten:

"Du hältst mich, Freund, in deinen Arm gepresst?
Bin ich ein Sklave, der sich binden lässt[320]? "

Es liegt darin eine gewisse Gleichgültigkeit und Kälte gegen den Mitmenschen, die sein Vater einem "bösen" Herzen zugeschrieben hatte[321].

Wie in seinem Verhältnis zum Reich die Idee die Wirklichkeit verdrängt, so drängt sie sich auch zwischen ihn und den Mitmenschen. Sie hebt ihn in eine höhere Welt, aber sie lässt ihn den Zusammenhang mit der Wirklichkeit verlieren. Seine eigenen Worte charakterisieren sein Verhältnis zur Welt am besten:

312 42/XIII, 56/XX 36ff
    87/XXXV 9-14
313 111/XLIII
314 153/LXIII
315 15/I 3f
    58/XXI 2f
    76/XXX 9
316 59/XXII 7-16
    73/XXIX 1-6
317 48/XVI 17-28
318 86/XXXIV 57-70

319 16f/I 25-44
    21/IV 1-8
    22f/V
    63/XXIII 5f
    69/XXVII 2-8
    75/XXIX 47f
    119ff/XLIX
    122/L
    123/LI
320 162/LXXI 11f
321 55/XX 16

"Ich bleibe Gast auf Erden immerfort[322]."

Der Kampf gegen die Kirche und sein Christentum

Die Kirche ist für Hutten eine Macht, deren einziges Ziel die Beherrschung und Ausbeutung der Welt ist. Jedes Mittel ist ihr recht: Fälschung, Diebstahl, Raub sind an der Tagesordnung[323]. Durch den Betrug der Konstantinischen Schenkung erlistet sie sich den Besitz Roms[324], das ihr fortan zur "Festung" dient[325]. Der Papst treibt Handel mit seiner Schlüsselgewalt[326], um mehr Geld für seinen Luxus[327] zu erraffen. Der Glaube ist das "Gängelband", mit dem die ungläubigen Priester die Menschen beherrschen[328]. Aber es ist nicht der rechte Glaube, vor Gott werden Götzen geschoben[329]. Der Vatikan ist daher der Sitz der Unwahrheit: "In diesen tausend Kammern thront der Trug[330]!" Die Kirche ist eine Gestalt des Bösen, sie ist ein apokalyptisches Ungeheuer[331].

Wer ihr dient, gehört zum Reich des Satans: Mönche[332] und Priester[333], Bischöfe[334] und Päpste[335], einige mit weniger, andere mit mehr Feinheit. Auch der Klosterschaffner gehört dazu; seine "Faunenfratze"[336] setzt ihn in Verbindung mit heidnisch-antiken Gottheiten, die damit in dieselbe Sphäre gerückt werden. Loyola wird als "Höllensendling[337]" gezeichnet: wie eine Taufe des Bösen wirkt der Blitz, der dicht vor ihm in den See schlägt und das Ufer in "Schwefelglut" hüllt, ihn mit einem "Heil'genschein von Höllenlicht" umgebend[338]. Vor Hutten schlägt er das Kreuz, das lautere Wasser exorziert er murmelnd[339], in Blitz und Donner betet er[340], beim Hahnenruf verschwindet er gespenstig[341] — Handlungen, die auf einen Bund mit dem Teufel hindeuten. Visionär sieht Hutten, wie durch diesen Menschen, der klug "wie die Hölle[342]" ist, die Kirche von neuem die Menschheit bedroht wird:

322 15/I 12
323 81/XXXIII 11
324 43/XIV
325 39/XII 11
326 40/XII 35f
327 40/XII 29ff
328 40/XII 19f
329 104/XLI 19-22
330 41/XII 43f
331 104/XLI 23-26
332 31/IX
333 31/IX
    39/XII

    43/XIV
334 43/XIV
    47/XVI
335 39/XII
336 112/XLIV
337 105/XLI 37
338 97/XXXIX 1-6
339 98/XXXIX 19f
    99/XXXIX 39
340 100/XL
341 103/XLI 1f
342 103/XLI 14

"Der Drache Rom, getroffen bis ins Mark,
Durch seine Wunde wird er wieder stark.

Und von der Wahrheit Schwert des Kopfs beraubt,
Wächst er empor mit einem gift'gern Haupt[343]."

Die Kirche zu bekämpfen ist ein Gebot für den wahren Christen. Es ist das
"Amt[344]", das Hutten erkennt, dem er alles opfert, sogar die Kunst: er fühlt
den Frevel, ein echtes Kunstwerk zu zerstören[345], aber es ist ein "Götzenbild[346]" der Kirche und muss vernichtet werden. Er sieht in der Befreiung von
der Autorität der Kirche die Voraussetzung zum Dienst am wahren Gott[347].
Wer sich nicht gegen die Kirche entscheidet, wie der Erzbischof von Mainz[348]
und Erasmus[349], ist verloren; eine Mittelstellung oder ein Ausweichen vor der
Entscheidung ist nicht möglich.

Die neue Kirche sieht er nicht als autoritäre Hierarchie, sondern als freie
Gemeinschaft der Gläubigen, wie aus seinen Begegnungen mit den Glaubensgenossen und den Andersgläubigen hervorgeht. Jeder ist in Glaubensdingen
für sich allein verantwortlich[350], aber jeder steht dem Glaubensbruder gegen
äussere Nöte[351] und Angriffe[352] bei. Auch die neuen Priester sollen sich nicht
von den andern Menschen absondern — Zölibat[353] und Zelle[354] lehnt er ab —
oder sich über das Menschsein erheben wollen wie der Papst[355]. Er denkt
offenbar an eine Wiedererstehung der urchristlichen Gemeinde, da er Luther
dem Apostel Paulus gleichsetzt[356].

Hutten bezeichnet sich selbst als Christen[357]. Aber vom dreieinigen Gott ist
nichts zu spüren. Wohl kennt und nennt er einen Gott, aber es ist nicht der
neutestamentliche Vater, sondern der alttestamentliche Herr. Hutten steht zu
ihm in einem Dienstverhältnis. Dem alten Pfarrer, der auf andern Sternen
neues Leben ahnt, erwidert er:

"Erst dien ich aus auf Erden meine Zeit,
Und bin ich dannzumal nicht dienstbefreit,

343 105/XLI 23ff
344 130/LIII
345 110/XLII 27-32
346 110/XLII 27-32
347 39/XII
     42/XIII
     54/XIX
     104/XLI 19-38
348 47/XVI 9 21-27
349 86/XXXIV 63

350 siehe 84 85
351 15/I 3f
     59/XXII 9f
352 86/XXXIV 62
353 123/LI 9f
354 80/XXXII 1-4
355 41/XII 39f
356 79/XXXI 23-26
357 98/XXXIX 20
     157/LXVI 8

Verteilt man auf den Sternen neues Lehn —
Wohlan! ich denke meinen Mann zu stehn[358]."

Gott verlangt den absoluten Gehorsam eines ergebenen Soldaten:

"Wir ziehn! Die Trommel schlägt! Die Fahne weht!
Nicht weiss ich, welchen Weg die Heerfahrt geht.

Genug, dass ihn der Herr des Krieges weiss —
Sein Plan und Losung! *Unser* Kampf und Schweiss[359]!"

Gott ist die strenge, unberechenbare Majestät: er lässt ungläubige Verbrecher unbestraft, und ahndet kleine Vergehen eines treuen Dieners[360].
Aber er kennt auch Milde: vor seinem Tod spürt Hutten die Mahnung, zu
ruhen[361].
Der Macht Gottes steht die Macht des Satans gegenüber, eine Macht, die
auch Hutten zu schaffen gibt[362]. Während die Macht Gottes unsichtbar bleibt,
ist die des Teufels überall gegenwärtig — sie regiert die Kirche, sie regiert die
Welt[363]. In einer Sturmnacht überfällt ihn die Verzweiflung am Sieg der
Gerechtigkeit und der Zweifel am religiösen Umbruch, für den er sein Leben
eingesetzt hat. Mit Mühe überwindet er die Anfechtung[364].
Im Kampf gegen den Teufel ist Christus der Helfer und Tröster, aber nicht
als Gottes Sohn, sondern als Mitmensch, der den Kampf siegreich bestanden
hat. Er weist den Weg zur Seligkeit und lehrt ihn den Nachkommenden[365], er
kennt die menschlichen Nöte und begegnet ihnen mit seinem eigenen
Leiden[366]. Christus ist der "dorngekrönte Bruder"[367], er ist nicht wesensmässig verschieden von den andern Menschen, deshalb können Merkmale
seines Leidensweges bildlich auf andere übertragen werden: Luther in Worms
steht auf der Dornenbahn[368], Hutten selbst trägt "im Leben einen schlichten
Dornenkranz"[369]. Nicht nur Christus, auch seine Nachfolger, wie zum Beispiel
Paulus, trösten in "bittern Nöten"[370]. Dies bedeutet, dass jeder Mensch, der
Gott sucht und dem Bösen widersteht, eine Wiederholung Christi ist. Die
Passionsgeschichte wird nicht als etwas Abgeschlossenes, in der Geschichte
weit Zurückliegendes gesehen, sondern als ein ewig lebendiges, sich in neuen
Formen wiederholendes Ereignis: Herzog Ulrich ist der neue Judas, der mit
Christi Jüngern im Tischverband sitzt[371], zu Köln wird Christus im Dornen-

358 121/XLIX 45ff
359 145/LIX 47ff
360 141/LVIII 65
361 133/LV 17-22
362 67/XXVI 1f
363 141/LVIII 59f
364 143/LIX

365 78/XXXI 15f
366 157/LXVI 9-18
367 157/LXVI 18
368 74/XXIX 23f
369 56/XX 31f
370 158/LXVII 3-6
371 140/LVIII 49f

kranz verlacht[372]. Die Ausgiessung des heiligen Geistes wiederholt sich und Luther ist der neue Apostel[373].

Neben dem christlichen Glaubenskreis hat auch der antike seinen Platz. Aber Hutten bemüht sich, diese Neigung auszumerzen; er ist sich bewusst, dass ein frommer Christ keine heidnischen Götter nennen sollte und glaubt dieser Forderung zu genügen, indem er die heidnischen Begriffe mit christlichen vertauscht[374]. Er übersieht jedoch, dass dieser Tausch eine Wesensverwandtschaft voraussetzt, die nicht besteht. Er verrät damit, dass er christliches Glaubensgut als Mythos empfindet, was auch in der seltsamen Formulierung "alte Mär aus Morgenland"[375] durchblickt. Es bestätigt die Feststellung, dass er nicht an Christus als Gottes Sohn glaubt, denn der Mythos zeigt das Ewigmenschliche, nicht das Göttliche. Bezeichnend ist, dass ihm für Herakles — das Urbild des Helden — Christus die richtige Entsprechung zu sein scheint[376].

In seinem christlichen Eifer streicht er die Nymphen, Dionysos, Mars, die Furienschar[377] — was ihn nicht hindert, wenig später den Furienchor zu nennen[378]. Die antiken Gottheiten sind eben tiefer in ihm verankert, denn sie sind Ausdruck für Empfindungen, die in der christlichen Glaubenssprache keine Entsprechung haben. Dies bezeugt das Erlebnis Huttens, da er als Knabe im Main badet:

"Da hab ich unter mir zu sehn geglaubt
Ein schilfbekränztes, göttlich mildes Haupt[379]."

Es ist das Gefühl der Verbundenheit mit der Natur, das er später ohne Mythologie ausdrückt:

"In den gestrengen Zügen der Natur
Empfind' ich die verwandte Seele nur[380]."

Die einzige richtige Entsprechung in diesem "Göttermord" ist "Der Teufel hole dich!" für "Ich weihe dich der Furienschar"[381]; sie weist auf den gemeinsamen Punkt heidnischen und christlichen Glaubens: die Dämonen. Hutten erlebt die Natur nicht nur als freundliche Gottheit, sie ist ihm auch Ausdruck der geistigen Mächte. Die Macht des Bösen empfindet er in Sturm und Dunkelheit[382], die Macht des Guten ist verkörpert im Licht. Im Todeskampf spricht er zum Licht wie zu Gott:

372 79/XXXI 18
373 79/XXXI 23f
374 131/LIV
375 78/XXXI 7
376 131/LIV 3f
377 131f/LIV 13-18
378 138/LVIII 11

379 64/XXIII 21f
380 118/XLVIII 17f
381 132/LIV 17f
382 143ff/LIX
    97/XXXIX 1-6
    100/XL

49

"Vestöhnen lass mich hier im Dunkel nicht,
Befreie deinen Kämpfer, starkes Licht[383]!"

In dieser Formulierung löst sich der persönliche Gott in eine mystische Gottheit auf. Dass Hutten dem Mystischen nahe steht, zeigt noch deutlicher sein Morgentraum: er sieht das Jüngste Gericht, die Scheidung in Verdammte und Selige; aber sie ist nicht endgültig, auch die Verdammten erringen die Erlösung. Das Ende ist die Einheit aller Geister im Licht[384]. Vor dieser Vision erscheint die Spaltung in Gegensätze als eine vorübergehende Phase, die Gegensätze selbst als Pole einer höheren Einheit.

Aber Huttens Mystik ist nicht Erlebnis, sondern Sehnsucht nach Erlösung aus Zwiespalt und Kampf. Dieses Sehnen spricht schon aus den Worten beim Anblick der Ufenau: "Hier waltet Friede wie im Paradies[385]!" Die Insel erscheint ihm als Natur vor dem Sündenfall, noch in der Einheit mit Gott.

Die Sehnsucht nach Erlösung aller ist letzten Endes die treibende Kraft in seinem Leben. Sein Morgentraum erfüllt sein Streben: er stösst ins Horn, und der Zug der Verdammten schwebt mächtig empor[386]. Doch nur im Traum und im Sterben erscheinen diese mystischen Bilder. Im gewöhnlichen Leben herrscht das mittelalterliche Weltbild, in dem Gott und Teufel feindliche Mächte sind, und in dem die antiken Götter als Dämonen und Naturgeister zur Sphäre des Teufels gehören[387]. Die Gnade hat in diesem Glauben keinen Raum. Hutten hat unbewusst nicht nur den "erprobten Segenskreis"[388] der Kirche zerrissen, sondern auch den christlichen Glauben selbst verlassen. Dieser ist ihm zum Mythos geworden, der zwar dem antiken übergeordnet ist und ihn umgreift, aber nicht wesensmässig von ihm verschieden ist.

Diesem ausgehöhlten christlichen Glauben fehlt die Überzeugungskraft. Das Kreuz[389] und die "Sprüchlein" des Apostels Paulus[390] genügen nicht zum Trost im Leiden, er muss auch einen Spruch von Sokrates heranziehen[391]. Er ist sich des Widerspruchs halb bewusst und sucht sich zu rechtfertigen:

"Wir Christen haben ein gewisses Licht,
Doch auch ein Heidensprüchlein schadet nicht[392]."

Es erstaunt daher nicht, dass auch allerhand Aberglauben Fuss fassen kann. So glaubt er an das Horoskop, das ihm bei seiner Geburt gestellt worden ist; die Überlegung, dass er als "Feind von jeder Tyrannei" lieber an der

---

383 161/LXX
384 146f/LX
385 16/I 20
386 147/LX 23-26
387 siehe S. 6

388 145/LIX 39
389 157/LXVI
390 158/LXVII
391 159/LXVIII
392 159/LXVIII 7f

Willensfreiheit festhält, ist kein Gegenbeweis[393]. Die Art, wie er gelegentlich das Schicksal erwähnt ("Schicksalsring"[394], "dunklem Schicksal schweren Zoll bezahlt"[395]), zeigt deutlich genug, dass er gefühlsmässig eher die Willensfreiheit verneint. Er huldigt auch einer Art Zeichenglauben, dessen Orakel er selbst ersinnt und ausdeutet[396].

Die Folge des erschütterten Glaubensgebäudes ist eine tiefgreifende Ungewissheit über die letzten Dinge. Die einzigen erlebten Wahrheiten sind Tod und Teufel, seines Lebens ständige Begleiter, wie er sagt[397]. Um ihnen standzuhalten bietet er eine fast übermenschliche Kraft auf[398]. Selten sind Augenblicke der Ruhe und des Friedens[399], und das Gefühl der Nähe Gottes ist eine Ausnahme[400], im allgemeinen ist sein Gott ein verborgener Gott[401]. Es streift ihn sogar der Zweifel an seiner Existenz:

"Und wärst du, Gott und Herr, nicht ewiglich,
Ein solches Stossgebet erschüfe dich[402]."

Auch seine Auffassung des Lebens nach dem Tode schwankt. Im Augenblick der Gottesnähe spricht er vom Eingehen in die Ruhe des Herrn[403], eine Formulierung, die allerdings nicht weit vom Spruch des heidnischen Sokrates entfernt ist:

"Was wartet unser, wann des Erdeseins
Unruhig Licht erlischt? − Von Zweien Eins:

Für sel'gen Wandel ein bequemer Raum!
Ein ungekränkter Schlummer ohne Traum[404]!"

− ein Spruch, den er offenbar als tröstlich empfindet. Im Sterben erscheint die antike Vorstellung vom Todesstrom[405] und vom Tod als Fährmann[406]; die Geisterküste[407] erinnert an die Schattenwelt[408], aus der ihm auch sein verstorbener Freund zur Anzeige seines eigenen Todes erscheint. Heidnisch ist auch die Hoffnung auf ein Weiterleben im Geist seines Volkes, das er beinahe körperlich aufzufassen scheint, wie etwa das Fortleben in den leiblichen Nachkommen[409]. In der Verzweiflung sieht er nur das Grab und die Auflösung ins Nichts[410]. Dem Gedanken des Pfarrers über ein weiteres Leben

393 66/XXV
394 (66/XXV 13f) 18/II 13f
395 34/X 2
396 45f/XV 9-22
397 21/IV
398 145/LIX 51
399 78/XXXI
    137/LVII
400 133/LV 19f
401 141f/LVIII 71-80

402 158/LXVII 13f
403 133/LV 22
404 159/LXVIII 3ff
405 160/LXIX
406 162/LXXI 9 14
407 162/LXXI 8
408 153/LXIII 15
409 156/LXV 11f
410 143/LIX 14

auf anderen Sternen steht er skeptisch gegenüber[411]. Die christliche Scheidung in Verdammte und Selige erwähnt er zwar auch ("Du bist ein Pfaffengeist! Zur Hölle fort[412]!"), aber in seinem Morgentraum sucht er sie zu überwinden[413], und in seiner Sehnsucht nach dem "Scheiden im Licht" erscheint das Dunkel nicht als Finsternis im christlichen Sinne[414]. Die heidnische Auffassung des Todes überwiegt bei weitem, besonders da nirgends die Auferstehung erwähnt wird.

Die Unsicherheit im Glauben findet ihren Ausdruck im zweideutigen Symbol des Weins:

"Im Weine Wahrheit! Doch auch du bist hie,
Anmut'ge Lüge, Traum und Poesie[415]!"

Der Wein ist einerseits Symbol für den Bund mit Christus, andrerseits Zeichen für die rauschhafte Verbundenheit mit der Natur, dem Dichtergott Bacchus geweiht, und es kommt nur auf die geistige Haltung des Trinkenden an, ob er die eine oder die andere Bedeutung erhält. Der Poet in Hutten neigt zur zweiten Auslegung, und deshalb muss er als der Reformator Hutten dem Trinken ein Ende setzen[416]. — Die Entfernung vom christlichen Glauben geht sogar so weit, dass er in einer kühnen Umkehrung die Hölle als Bild des Heils verwenden kann für das Felsenbad in Pfäfers[417].

Seine Haltung ist die dauernder Skepsis, denn auch dem erneuerten Glauben hängt er nicht blindlings an — er will erst die Bewährung des neuen Priestertums sehen[418]. Der Pfarrer sagt ihm auch einmal: "Ritter, ihr seid gar zu glaubenslos[419]!" Er ist im Grunde dauernd auf der Suche nach einem Glauben, der ihn befriedigt. Die äussere Entsprechung ist sein ruheloses Wandern, das Aufgeben jeden Besitzes, jeder menschlichen Bindung überhaupt. Mit seinem häufigen Gebrauch von Bildern des Wanderns und Reisens[420] ist fast eine Forderung verbunden, nämlich die der ständigen Entwicklung. Auch die Menschheit als Ganzes muss ruhelos fortschreiten:

"Wann Menschenblut in neuen Adern kreist,
Erneuert sich der träge Menschengeist[421]."

411 120f/XLIX 31-48
412 44/XIV 23
413 146f/LX
414 161/LXX 7
415 74/XXIX 27f
416 75/XXIX 45f
417 59/XXII 5f
418 123/LI 11f

419 124/LI 36
420 15/I 7f 11f
    21/IV 11f
    32/IX 33
    38/XI 37
    145/LIX 47
    162/LXXXI 1
421 65/XXIV 3

Gott selbst will die Erneuerung, er ist der Führer der "Heerfahrt"[422].

Das Ziel dieses Wanderns ist die Wahrheit. Hutten gebraucht das Wort nur im Kampf gegen die Kirche, er sieht sie auf der Seite der Reformation[423]. Sie wird ihm zur mythischen Grösse, wenn er ausruft:

"O Menschheit, qualenvoller Sisyphus,
Der seinen Felsen ewig wälzen muss[424]!"

Die Wahrheit wird dadurch zu einer ebenso unerreichbaren Macht wie der verborgene Gott. Die Suche nach ihr ist im Grunde die Suche nach Gott. Der Mensch ist, um einen alten Ausdruck zu gebrauchen, ein Pilger.

So ist Hutten im Kampf gegen die entartete Kirche und auf der Suche nach dem wahren Glauben über das Christentum hinaus zu den allgemein-menschlichen, jeder Religion zugrunde liegenden Erfahrungen gelangt: Ungewissheit über das Woher und Wohin des Menschen, Gewissheit des Todes, Verzweiflung am Sinn des Daseins, aber auch Glaube an eine verborgene Gottheit, die nach ihrem Plan das Weltgeschehen lenkt und schliesslich alle Zweifel und Widersprüche auflösen wird.

Der Ausgangspunkt seiner Religiosität ist der Mensch: seine Gefühle und Ahnungen, sein Denken sind massgebend. An eine göttliche Offenbarung glaubt er nicht, und deshalb ist auch Christus nicht der Erlöser, sondern ein Wegweiser. Typisch ist sein Morgentraum: die Verdammten erlösen sich selbst aus eigener Anstrengung und Kraft. Sein Denken und Fühlen ist schon so rationalisiert, dass ihm eigentlich gar nichts am Aufbau einer neuen Kirche liegt — die Erneuerung des Kaiserreichs bedeutet ihm viel mehr. Seine Reichsidee meint im Grunde einen säkularisierten Priesterstaat, dessen höchstes "Amt"[425] die göttliche Gerechtigkeit vertritt. In seinem Trinkspruch zeigt sich die Verschmelzung von religiösem und weltlichem Bereich:

"Den ersten Trunk dem Heil'gen Röm'schen Reich,
Möcht' es ein weltlich deutsches sein zugleich[426]!"

Aber Hutten zieht diese Schlüsse nicht. In seinem Bewusstsein sind Welt und Religion noch immer scharf getrennt, sowie er sich auch für einen Christen hält ohne es zu sein. Er sieht die Widersprüche zwischen seinem Glauben und seinem Fühlen ohne sie erklären zu können: "Homo sum[427]."

422 145/LIX 49f
423 23/V 19–22
    32/IX 31
    74/XXIX 23–26
    86/XXXIV 63

    104/XLI 23–26 35
424 104/XLI 27f
425 45/XV 4
426 75/XXIX 51f
427 67/XXVI

Der Poet

Hutten lebt in der Spannung zwischen religiösem Auftrag und ästhetischem Empfinden. Der religiöse Absolutist in ihm verdammt die Dichtung als "anmut'ge Lüge"[428], als Bindung an das Irdische[429]. Dichtung und Kunst sind nur erlaubt, wenn sie religiös sind, das heisst wenn sie den Menschen in seiner ethischen Entwicklung fördern.

Der italienischen Kunst steht er ablehnend gegenüber, weil sie die Sünde verherrlicht statt sie anzuprangern:

"Was soll die übermütge Pfarre da
Mit Zinne, Portikus und Statua?

Der Stier im Wappen sagt: Hie hat gehaust
Der Borgia Lust, davor's dem Teufel graust[430]!"

Auch an Raffael vermisst er den Bezug zum Sittlichen:

"Du malest, Raffael, zu seinem Glanz?
Mal ihm zur Warnung einen Totentanz[431]!"

Die "üppge welsche Kunst, Andacht verkuppelnd mit der Sinne Brunst" sieht er geradezu im Dienst des Teufels[432].

Kunst, die sich selbst genügt, ist ihm ein Dorn im Auge, wie auch die Gelehrtheit des Erasmus:

"Dein Denken . . . ist ein eitler Traum,
Wächst drangvoll nicht daraus ein Lebensbaum[433]."

Er fordert geradezu ein soziales Verantwortungsbewusstsein:

"Die Menge hungert, ahntest du es nie?
Hervor mit deinen Horten! Speise sie[434]!"

Er will handelnde Auseinandersetzung mit den geistigen Strömungen seiner Zeit. Aus diesem Grunde lehnt er Ariost zunächst ab; erst wie er den Sinn des märchenhaften Stiles erkennt, nimmt er ihn an als seinesgleichen[435].

Um den Menschen unmittelbar in seinen sittlichen Kräften anzusprechen, verlangt er nicht nur zeitgemässe, sondern auch bodenständige Kunst[436]. Die

428 74/XXIX 28
429 75/XXIX 41–46
430 40/XII 31ff
431 41/XII 37f
432 104/XLI 18

433 85/XXXIV 53f
434 85/XXXIV 51f
435 71/XXVII 49–56
436 76/XXX 5–8

deutsche Einkleidung soll dem Beschauer den Bezug zu seinem eigenen Leben nahebringen, den ihm vielleicht das historische Kostüm verdeckt. Deshalb lobt er Luther, der mit seinem Deutsch die fremdartigen Geschichten der Bibel belebt[437]. Paracelsus ist ihm widerwärtig, weil er "fremde Brocken" in die deutsche Sprache mischt[438].

In seiner Forderung nach Reinheit verrät sich geradezu ein magischer Glaube an die Macht des Wortes. Luther braucht das Wort so "gewaltig", dass "alte Mär" sich "in Fleisch und Blut verwandelt"[439]. "Ein frisches Bild", "ein feiner Spruch" in Ariosts "Orlando Furioso" lässt ihn ausrufen: "Ei Zauber! Üppig Grün entspriesst dem Buch[440]!" Noch deutlicher ist die Beziehung zur Magie in den Worten: "Ich, ohne viel Geschrei, berief die Meister schwarzer Kunst herbei[441]." Das Orakel, das er sich ausdenkt, um den Kaiser zu erforschen, verleiht "dem ersten seinem Mund entfallnen Wort" prophetische Kraft[442]. Vor seinem "Wort" schwindet der Lügenkaiser in der Beschwörung vor dem Kurfürst in Mainz[443]. Das Gebet eines Kindes ist wirksam wie ein Zauberspruch[444]. Echte Zaubersprüche sagt ein Schmied[445], und er selbst nennt sich einen "Verseschmied"[446]. Bei allen Zaubersprüchen ist eine wesentliche Voraussetzung der Wirksamkeit, dass sie rein, ohne Zugaben und Abstriche am ursprünglichen Text, wiedergegeben werden. Damit ist der Bezug zu Huttens Glaube an das "reine Wort" gegeben: es ist der Glaube des abergläubischen Poeten[447] an die Macht, an die Zauberkraft des richtig gebrauchten Wortes, das ihn zum Reformator werden lässt. Wie sehr er an die magische Kraft glaubt, die einem Wort innewohnt, zeigt seine Deutung von Namen:

"Absonderliche Laute: 'Loyola' —
Blutstropfen röten diese Silben da.

Das ist ein Name, der die Wahrheit höhnt,
Wie Flammen lodert, wie die Folter stöhnt[448]!"

Die Verquickung von religiösen und ästhetischen Aspekten zeigt sich auch in seiner Auffassung von der Inspiration. Sie ist ein Metaphysisches, das nicht in der Macht des Künstlers liegt, sondern ihn unvermutet trifft oder flieht. Das eine spricht aus der Erinnerung an seinen frühesten schöpferischen Einfall:

437 78/XXXI 3–16
438 128/LII 23f
439 siehe 437
440 70/XXVII 21f
441 54/XIX 5f
442 45/XV 11f
443 44/XIV 24

444 49/XVI 47f
445 90/XXXVII
446 72/XXVIII 9
447 45/XV 9
448 104/XLI 33ff
     vgl. 129/LII 37f

"Hell träumend ging ich um, mich mied der Schlaf,
Bis mich wie Blitzesstrahl das Rechte traf[449]."

Die gegenteilige Erfahrung spricht er aus in den Worten:

"Die Feder leg ich weg. Heut ist ein Tag,
Da keine Zeile mir geraten mag[450]!"

Er hält die Inspiration für eine Art göttliche Offenbarung: "Gehorsam einem leisen Engelruf" schafft der Künstler sein Werk[451].

Auch die Phantasie steht bei ihm im Dienst der Religion: sie sieht das Zukünftige und lenkt auf diese Weise sein Handeln in die richtige Bahn[452]. Sie belebt die religiösen Stoffe, die einzigen, die er anerkennt. Er lehnt jede Kunst ab, die nur zur Verherrlichung, zum "Glanz" der Welt dient, aber umgekehrt hat er für Kunst in seinem Sinne eine religiöse Verehrung:

"Zerstören, was ein gläubig Herz erschuf,

. . .

Vernichten eine fromme Schöpferlust,
Ein Frevel ist's! Ich fühlt's in tiefer Brust[453]."

Kunstwerke, die aus religiöser Inbrunst geboren werden, sind Vermittler der göttlichen Wahrheit. So sieht er Dürer[454] und Holbein[455], aus diesem Grunde verehrt er Luther[456], anerkennt er Hartmann von Aue[457] und Ariost[458]. Wer den göttlichen Funken nicht zu vermitteln vermag, ist ein "Stümper", wie der Maler Adalrichs in der Inselkapelle, der "blöd" lächelt[459]. Ein Kunstwerk ist für Hutten nie Erholung, er will, selbst wenn er das Bedürfnis nach Ergötzung[460] oder Zierde[461] verspürt, immer auch geistige Nahrung.

Letzten Endes ist ihm das Geistliche wichtiger als das Schöne: er lässt das Marienbild zerstören, weil es ein Götzenbild ist, trotzdem er es als Künstler gerne gerettet hätte[462]. Er selbst achtet mehr auf den Inhalt seiner Aussage als auf ihre Form:

"Ich sprach ein rauhes Deutsch in Hast und Zorn,
Es dröhnte wie vom Turm das Wächterhorn[463]."

449 28/VII 7f
450 69/XXVII 1f
451 110/XLII 28
452 37/XI 22–26
    103f/XLI 9–38
453 110/XLII 27ff
454 21/IV
    76/XXX 5–8
455 156/LXV

456 78/XXXI 1–16
457 152/LXII
458 71/XXVII 39–56
459 95/XXXVIII 5f
460 69/XXVII 3f
461 21/IV 1f
462 110/XLII 17–34
463 42/XIII 15f

Seine früheren Versuche in zierlichem Latein lehnt er ab als Spielerei, die der Sache nicht gemäss war[464]; wie er auch die "Satyrmaske" von Erasmus verurteilt, obwohl er ihn als überlegenen Geist anerkennt[465]. Umso erstaunlicher ist seine Anerkennung Ariosts, die wohl, ihm unbewusst, vor allem auf dessen dichterischem Genie beruht: es ist der "Glanz" dieser Dichtung, was ihn besticht[466]. Er wird denn auch vom Zweifel geplagt, ob er selbst ein echter Dichter sei. Die Krönung zum Dichter durch Kaiser Maximilian überzeugt ihn nicht, wenn er sich mit Ariost vergleicht: "Wär ich am Ende bloss ein Verseschmied? " fragt er sich, und antwortet: "Ich *bin* ein Verseschmied! So nenn ich mich! / Am Feuer meines Zornes schmiedet' ich / Rüstung und Waffen zu des Tags Bedarf, / Und, wahrlich, meine Schwerter schneiden scharf[467]!" Er bekennt sich zur Zweckdichtung und fühlt sich dem echten Dichter ebenbürtig.

So kommt ihm alles auf die Wirkung an, und obwohl er den Ruhm zu schätzen weiss, ist er ihm nicht wichtig. "Wozu der Lorbeer? Das hat keinen Sinn"[468], ist seine Antwort auf den Vorwurf seines Vaters; Sinn hat allein die Erkenntnis, die seine Worte vermitteln wollen. Nicht Ruhm wünscht er sich nach seinem Tod, sondern Fortleben als geistige Kraft in seinem Volke[469].

Hutten steht zwischen Religion und Poesie. Die Rolle, mit der er sich identifiziert, ist der "Reformator Hutten"[470], aber sie unterjocht die sinnenfrohe Seite seines Wesens, sodass er in eine heillose Zerrissenheit gerät, die ihn aufreibt.

"... Euer Geist, das scharfe Schwert, zerstört
Den Leib, die Scheide, die zum Schwert gehört"[471],

sagt der ärztliche Priester und gibt ihm den Rat: "Vergesset, Hutten, dass Ihr Hutten seid[472]!" Aber es ist ihm nicht möglich, und erst der Tod bringt ihm die Erlösung aus seinem Zwiespalt.

In Anbetracht seiner freien Gläubigkeit drängt sich der Eindruck auf, Hutten habe seinen Beruf verfehlt. Nicht als Reformator, sondern als Dichter hätte er sich selbst gefunden. So verzichtet er zwar auf Erfindung und auf Verherrlichung des Lebens, dafür aber dichtet er in der Wirklichkeit. Seine Reichsidee ist nichts anderes als ins Leben projizierte Dichtung. Er durchschaut den Sachverhalt beinahe selbst, als er sich an Bayard erinnert und seine

464 31/IX
    39/XII
465 85f/XXXIV 55–60
466 72/XXVIII 1–3
467 72/XXVIII 9ff
468 56/XX 33
469 20/III 21f

156/LXV 11ff
470 20/III 19f
    110/XLII 31ff
    113/XLIV 21f
    130/LIII
471 22/V 7f
472 22/V 16

Ähnlichkeit mit ihm feststellt; es fällt dabei sogar das Wort "Phantasie"[473], aber er zieht nur den Schluss, er tauge nicht zur Gegenwart. Nur beim Trinken kommt der Poet bei ihm zur Geltung, und auch da nur für kurze Zeit. Hutten ist ein verhinderter Dichter.

Michelangelo

Seine Stellung in der Gesellschaft

Michelangelo ist gezeichnet als ein kräftiger Mann — wenn man von seiner "nerv'gen Hand"[474] auf seine Gestalt schliessen darf — ein "Knecht der Leidenschaft"[475], wie er von sich selbst sagt. Sein Gespräch mit Gott[476] zeugt von einem Selbstbewusstsein, das an Hybris grenzt. Seine Härte und seinen Eigensinn sieht er selbst, wenn er sich mit Stein[477] vergleicht.

Diese widerborstige Persönlichkeit passt schlecht in das menschliche Gemeinwesen. Sein Mäzen, Papst Julius, hat denn auch ein unfreundliches Bild von ihm[478]. Aus seinem Umgang mit den Medici spricht Gleichgültigkeit und sogar Verachtung: er schiebt die Bildnisse mit der Hand zurück mit den Worten "Nehmt weg[479]!" Unausgesprochen liegt darin die Unterstellung, die Auftraggeber verstünden nichts von Kunst.

Offenbar verbindet ihn mit der Gesellschaft nur die praktische Seite seines Berufes. Er sucht sie nicht auf, sondern sitzt in seiner Werkstatt[480] oder Arbeitsstätte[481]. Er spricht mit seinen Statuen oder mit Gott, was im Grunde nichts anderes als Selbstgespräche sind. Selbst wenn jemand in seine Werkstatt kommt[482], tritt er ihm nicht entgegen, ihn zu begrüssen und mit ihm zu plaudern, sondern er beobachtet und belauscht ihn unbemerkt aus seinem Winkel. Er ist ein eigenbrödlerischer Aussenseiter.

Seine Glaubenshaltung

Auch im Glauben geht er eigene Wege. Zur Kirche scheint er nur berufliche Beziehungen zu haben[483]. Er liest die Bibel[484], seine Auslegung ist jedoch sehr

473 37/XI 29
474 350/2
475 350/19
476 350/5−24
477 350/24
478 348/29f
479 333/27

480 331/332
481 350
482 332
483 348/29f
484 350/2

eigenwillig. Der Ausdruck "ewig Sein"[485] weist auf eine unpersönliche Gottesauffassung, aber sie wird in den Hintergrund gedrängt durch seine Gestaltung. Das Bild, das er sich von Gott gemacht hat, ist eine eigenartige Vermischung von biblischen Vorstellungen und Projektionen seiner selbst. Aus dem Alten Testament hat er den Schöpfergott[486] übernommen, aus dem Neuen die Eigenschaft der Barmherzigkeit[487]; das Attribut rastloser Tätigkeit[488] entspricht jedoch eher ihm selbst — oder seinem Ideal — als dem biblischen Schöpfer. In der Anrede "Bildhauer Gott"[489] ist die Projektion vollzogen, sie verdunkelt das Wissen um das "ewige Sein": vor die lebendige Gottheit ist ihm das selbstgeschaffene Bild getreten.

Trotzdem glaubt er, dem Göttlichen Leib gegeben[490] zu haben: "Umfasst, umgrenzt hab ich dich, ewig Sein[491]." Er fordert den vermeintlichen Gott zum Wettstreit:

"Damit ich nicht der grössre Künstler sei,

. . .

Nach deinem Bilde schaff mich rein und frei[492]!"

Er anerkennt also die Forderung Christi: "Ihr aber sollt vollkommen sein, wie euer himmlischer Vater vollkommen ist[493]." Er erkennt seine Verhaftung in der Sünde, aber statt selbst an sich zu arbeiten, schiebt er die Verantwortung seinem projizierten Gegenüber zu.

Im Bild des Steins, dem der "Bildhauer Gott" die vollkommene Gestalt geben soll, verrät sich das Gefühl der Unabhängigkeit, das auch aus dem Selbstbewusstsein des Gott schaffenden Künstlers spricht. Die "religio", das sich Gebundenwissen an höhere Gewalt fehlt ihm völlig. Auch den Erlöser braucht er nicht: durch seine Kunst erlöst er sich selbst[494].

Seine Selbstherrlichkeit wird überschattet vom Wissen um den Tod:

"Im Schilfe wartet Charon mein,
Der pfeifend sich die Zeit vertreibt[495]."

Der Tod ist die einzige Macht, über die er nichts vermag, die er weder wegleugnen noch umdeuten kann. Das Bild des wartenden Charon verrät die dauernde Gegenwart von Todesgedanken, vielleicht sogar Todesfurcht, denn das Idyllische des Bildes kann eine Verharmlosung sein.

485 350/9
486 350/13 21
487 350/16
488 350/13 14
489 350/24
490 350/12

491 350/9
492 350/18 20
493 Matth. 5, 48
494 331/11—14
495 331/17 18

59

Michelangelo hat keinen Glauben in dem Sinne, dass gewisse Ideen sein Denken und Handeln bestimmen würden. Er hat über Gott und Mensch Vorstellungen, die er der Bibel entnommen hat oder die von ihr angeregt worden sind, deren einzige Funktion jedoch die Inspiration zu eigenem Schaffen zu sein scheint[496]. Die Bibel ist ihm nicht Offenbarung, sondern Kunstwerk[497]. Nicht Gott, sondern er selbst steht im Mittelpunkt seiner Welt, und nur der Tod schränkt diese Machtvollkommenheit ein.

Der Künstler

Michelangelos Selbstherrlichkeit beruht auf seinen schöpferischen Gaben. Das Erlebnis der Gestaltung ist so überwältigend, dass er sich für gottähnlich hält, was umso leichter ist, als er in Gott hauptsächlich den Schöpfer sieht. Gott geschaffen zu haben mit seiner "nicht'gen Kraft"[498] erfüllt ihn mit hybridem Machtgefühl. Durch den Schaffensprozess überwindet er "des Lebens . . . Qual"[499]. Die Gestaltung des Leidens verwandelt es in Ergötzung und befreit den Geist von den irdischen Fesseln[500].

Das Selbstbewusstsein des frei schaffenden Künstlers spricht aus seinen Worten:

". . . Ich sehe, wie er sitzt und sinnt,
Und kenne seine Seele. Das genügt[501]."

Seine Kunst ist nicht Nachahmung — aber er übersieht, dass sie auch nicht Erschaffen, sondern Nachschaffen ist. Er glaubt, allein aus sich selbst zu gestalten[502], und ist doch abhängig von Tradition und Beobachtung.

Michelangelo ist ein Künstler, der völlig in der Kunst aufgeht. Sie ersetzt ihm sowohl die religiöse als auch die weltliche Bindung. Er ist der Gott, der sich seine Welt schafft. Statt mit den Menschen zu verkehren redet er mit seinen Statuen, und statt zu beten spricht er mit seinem Gottesbild. Die Wirklichkeit dringt nur gelegentlich in diese Abgeschiedenheit, wenn jemand ihn in seiner Werkstatt aufsucht[503], und selbst dann verlässt er sie innerlich nicht. Beobachtung[504] und Lektüre[505] sind die einzigen Fäden, die ihn noch mit der Aussenwelt verknüpfen. Dementsprechend wird er nie in Bewegung gezeigt, und wenn eine Zeit angegeben ist, so herrscht Dämmerung[506] oder

496 331/5–8
    350/2
497 350/12
498 350/17
499 331/12
500 331/11–14
501 333/27 28

502 350/17
503 332/4 20
504 332/12
505 332/1
    350/2
506 332/2

Nacht[507]. Das Bild des um Mitternacht in der Sistina sitzenden Michelangelo, "in wachem Traum, / Umhellt von einer kleinen Ampel Brand"[508], ist sinnbildlich: die Welt ist im Dunkel versunken, sein Geist ist das einzige Licht, aber es erfasst nur seine eigenen Kunstwerke, und was er von der Aussenwelt mitgenommen hat — ein Stück Überlieferung. Sein Leben hat alle Wirklichkeit eingebüsst und ist zum Traum geworden.

Dante

Dante am Hof Cangrandes

Der Fürst von Verona beherbergt den heimatlosen Dante in seiner Burg. Die Hofgesellschaft ist jung und sorglos, sie geniesst das Leben mit Feinheit und Eleganz. Die höfische Sitte lockert die religiösen Vorschriften und dämpft gleichzeitig die Spannungen, die dabei entstehen müssen. So ist es möglich, dass der Fürst zwei Frauen neben sich halten kann, ohne dass ihre Rivalität zum offenen Ausbruch kommt.

Der Brennpunkt dieser galanten Welt ist der Fürst. Seine Stellung als Herrscher tritt nicht auffällig in Erscheinung, er bewegt sich eher als der Erste unter Gleichen. Ihm gehört die Initiative: er ist es, der Dante auffordert, eine Geschichte zu erzählen[509] und ihn von scholastischen Abschweifungen zu seiner Aufgabe zurückholt[510]; er untersucht die Wahrhaftigkeit des Dichters[511] und hält ihm die Rachsucht gegen seine Vaterstadt vor[512]. Sonst aber hält er sich zurück und lässt die andern reden, eine Haltung, die in der Wendung "unter solchen Umständen ergriff er das Wort"[513] angedeutet wird. Cangrande erscheint nur in seiner Rolle als Hausherr, wie er in jedem adligen Haushalt vorkommen könnte. Dies wird betont durch die Szene, in welcher der Haushofmeister ihn in "irgendeiner hauslichen Angelegenheit"[514] um Befehl bittet. Nur indirekt wird auf seine Rolle als Herrscher hingewiesen, in Bezeichnungen wie "Fürst"[515], "Gebieter"[516], "Herrscher"[517], und in eingestreuten Bemerkungen und Anspielungen. So lässt die Nebenbemerkung "Die dreiste und ketzerische Äusserung erregte hier kein Ärgernis, denn an diesem Hofe wurde das kühnste Reden über kirchliche Dinge geduldet, ja belächelt, während ein freies oder nur unvorsichtiges Wort über den Herrscher, seine

507 350/5
508 350/3f
509 7/26ff
510 11/11ff
511 43/22–44/19
512 56/19–57/11

513 11/11
514 31/34–32/3
515 8/7
516 7/11
517 7/8

Person oder seine Politik, verderben konnte"[518] durchblicken, dass die vornehm zurückhaltende Art Cangrandes schöner Schein ist, hinter dem sich sein Despotismus verbirgt. Aber dies ist die einzige Stelle, an der die heitere Unverbindlichkeit der höfischen Atmosphäre aufgehoben wird.

An diesem Hof ist Dante ein Fremdling. Schon äusserlich hebt er sich von seiner Umgebung ab: er trägt lange Gewänder, seine Bewegungen sind gravitätisch, selbst seine Gesichtszüge scheinen "aus einer andern Welt" zu sein[519]: gross, streng[520], mit langgebogener Nase[521]. Er lebt am Hof als Aussenseiter in seiner hochgelegenen Kammer hausend, von den Dienern vernachlässigt und selbst vom Fürsten nur wahrgenommen, wenn er auf seine astrologische Kammer steigend ihn in der seinigen dichten hört. Wenn er die Hofgesellschaft aufsucht, dann treibt ihn nicht das Bedürfnis nach Geselligkeit, sondern das Bedürfnis nach Wärme, und dementsprechend befasst er sich auch nicht mit den Menschen, sondern blickt stumm in die Flamme. Cangrandes Aufforderung: "wenn du dich gesellig wärmen willst..." geht von einem Missverständnis aus, das durch Dantes Stolz entsteht, der ihm verbietet zu erwähnen, dass die nachlässige Dienerschaft ihm kein Feuer gemacht hat[522].

Diese gesellschaftsfeindliche Haltung wird an dem einen Abend, den Meyer schildert, durchbrochen. Auch diesmal will sich Dante von den andern absondern: er verschmäht den Ehrenplatz neben dem Fürsten und wählt "stolz den letzten Sitz, am Ende des Kreises"[523]. Cangrandes Versuch, ihn in die allgemeinde Geselligkeit zu ziehen, fruchtet nichts: Dante schweigt beharrlich. Erst Ascanio, ein "klug blickender Jüngling"[524], bringt ihn mit Schmeichelreden dazu, auf Cangrandes Aufforderung einzugehen, allerdings "immer noch mürrisch genug"[525]. Und da ihm die Gesellschaft nach genauerer Betrachtung "nicht durchaus zu missfallen"[526] scheint, lässt er sich herbei, mit ihr in Kontakt zu treten.

Die Art des Kontaktes jedoch zeigt die Einsamkeit und selbstherrliche Abgeschlossenheit Dantes. Er steht als Einzelner der Gesellschaft gegenüber, wie er auch als Einzelner in den höfischen Kreis tritt und ihn am Ende wieder als Einzelner zurücklässt[527]. Äusserlich findet dies seinen Ausdruck darin, dass er bewusst den "letzten Sitz, am Ende des Kreises"[523] wählt, noch dazugehörig und doch abseits, und den meisten auch räumlich gegenüber. Von diesem Sitz aus beherrscht er die Gesellschaft wie ein Richter oder eher noch

518 10/11
519 7/17−20
520 11/3
521 8/22 57/15
522 7/17−35
523 8/4−6

524 8/24
525 8/32
526 9/1f
527 7/17
      98/4−8

wie ein Schulmeister: er fragt, die andern antworten, und er begutachtet die Antwort: "Er tat recht"[528], "Sie tat gut"[529]. Auch der Fürst ist von diesem Schulmeistern nicht ausgenommen: "sage mir, wie endet solches Ding, mein Gönner und Beschützer[530]? " – " 'Notwendig schlimm', antwortete dieser ohne Besinnen. 'Wer mit freiem Anlaufe springt, springt gut; wer gestossen wird, springt schlecht.' 'Du redest die Wahrheit, Herr', bestätigte Dante . . .[531]" Wenn die Initiative von der Gesellschaft kommt, so geschieht dies in Form einer Frage, wie im Falle des Klerikers, und Dante gibt Auskunft[532]. Auch dies ist das Verhältnis von Lehrer und Schüler, ein echtes Gespräch kommt nicht zustande. Während der Erzählung ist er ohnehin einer Unterhaltung mit den Zuhörern abgeneigt[533], aber auch das Ende bringt keine Erneuerung des Gesprächs – Dante beschliesst den gemeinsamen Abend durch seinen einseitigen Abschied, der in seiner selbstherrlichen Formulierung keine Erwiderung erwartet und auch keine erhält[534].

Das Betragen Dantes hat einen deutlichen Einfluss auf die Struktur und Haltung der Hofgesellschaft. Vor dem Hinzutreten Dantes ist sie unter sich verbunden in gegenseitigem Umgang, in dem das Erotische offenbar eine grosse Rolle spielt: "mit bedeutsamen Blicken und halblautem Gelächter"[535] werden Geschichten erzählt. Es wird auch ausdrücklich hervorgehoben, dass das junge Hofgesinde männlichen und weiblichen Geschlechtes ist[536]. Eine lässige Atmosphäre geht aus der Bemerkung hervor, dass es "in den bequemsten Stellungen, welche der Anstand erlaubt"[537], lagerte. Als "sinnlich und mutwillig"[538] wird der höfische Kreis charakterisiert. Sobald Dante anwesend ist, hört der direkte Kontakt zwischen den einzelnen Hofleuten auf. Während des ganzen Abends bezieht sich jede Äusserung, jeder Blick auf Dante. Nur der Narr durchbricht diese Haltung, wie er seiner Nachbarin das komische Schattenbild Dantes zeigt[539]. Auch Cangrande fügt sich nicht ganz in dieses Schema: er beantwortet eine Frage seiner Freundin, die Dante galt[540], er spricht mit seinem Hofmeister[541], und er beobachtet die beiden Frauen[542]. Der sinnliche Mutwille der Gesellschaft, der selbst vor der religiösen Sphäre nicht Halt macht, wird niedergedrückt: der Erzähler eines Schwankes über den Heiligen Antonius wird mit einem Stirnrunzeln mundtot

528 9/12
529 9/24
530 9/34f
531 10/1–4
532 10/8
533 25/17
    31/30–32
    35/17–21
    43/22–24
    56/18–20
    65/14–16

534 98/4–9
535 7/15f
536 7/6f
537 7/5f
538 7/17
539 8/18–24
540 11/31ff
541 31/34–32/3
542 57/33f
    64/18ff

gemacht[543]. Jeder bemüht sich, Dante entgegenzukommen, am meisten Ascanio, der Antiopes Lachen ersticken hilft, indem er sich an Dante wendet "mit jener massvollen Ehrerbietung, in welcher dieser angeredet zu werden" liebt[544].

Massvolle Ehrerbietung ist tatsächlich der Ton, in dem der Hof mit Dante verkehrt. Cangrande selbst behandelt ihn mit vollendeter Höflichkeit. Dem Eintretenden bietet er den Ehrenplatz neben sich[545], ja er bietet ihm sogar seine Frauen zum Vergnügen an[546], wenn auch im Scherz und mehr um des Wortspiels willen. Die Aufforderung, zur Abendunterhaltung beizutragen und sich nicht von der Gesellschaft abzuschliessen, ist liebenswürdig und mit achtungsvoller Bewunderung für seine hohe Kunst verbunden[547]. Er zeigt sich auch nicht beleidigt, dass Dante seine Wünsche ignoriert, und auch die schulmeisterliche Behandlung lässt er sich gefallen. Wenn er Dante an seine Geschichte mahnt, so geschieht dies unauffällig unter dem Deckmantel der Neugierde nach ihren Quellen, und wieder lässt er die Anerkennung seines dichterischen Genies einfliessen[548]. Er freut sich über die Gerechtigkeit, die Dante dem von ihm bewunderten Ezzelin widerfahren lässt und fühlt sich geschmeichelt, dass er dieser Herrschergestalt in der Dichtung sein Aussehen gegeben hat, die Tatsache, dass er ihn damit in die Hölle versetzt hat, übersehend[549]. Cangrande kommt seinem Gast mit der Achtung entgegen, die aus der Anerkennung seiner Gaben entspringt, sein ungeselliges Gebaren mit unbeirrbarer Höflichkeit erwidernd.

Die Fürstin behandelt Dante aus grossartiger Distanz mit kühler Höflichkeit. Sie denkt nicht daran, ihm neben sich Platz zu machen, trotz der unausgesprochenen Aufforderung des Fürsten[550]. Sie verbessert ihn, wie er in seiner Geschichte einen kleinen Fehler macht[551]. Sie scheint überhaupt für Dichtung und Dichter nicht viel Sinn zu haben, sonst könnte sie Dante nicht unterstellen, er kenne seine eigenen Gestalten nicht[552]. Aus ihren Worten spricht das Bewusstsein ihrer gesellschaftlichen Stellung und derjenigen Dantes[553]. Wie in ihrem stolzen: "Meine Miene gebe ich dir preis"[554], schwingt etwas wie Verachtung mit. Sie nennt ihn kurz "Dante"[555] oder "Florentiner"[556], ohne irgendwelche Beigabe der Bewunderung oder auch nur Anerkennung.

543 25/11—17
544 8/26f
545 7/25
546 7/34f
547 7/26—33
548 11/12—14
549 12
550 8/1f

551 35/18f
552 64/11f
553 11/26
    64/7—13
554 12/29
555 35/18
    64/11
556 64/7

Anders die Freundin des Fürsten: "mein Dante", sagt sie, sich mit bittenden Händen gegen ihn wendend[557]. Für sie ist er der Erzähler einer "rührenden Fabel"[558]. Sie anerkennt ihn als hervorragendes Glied der Hofgesellschaft, dem mehr Achtung gebührt als den übrigen, das Beispiel ihres fürstlichen Freundes nachahmend.

Den übrigen Hofleuten ist eine betont achtungsvolle Haltung gemeinsam. Germano ist, seinem Charakter entsprechend, von kurzgefasster Ehrerbietung, — was am besten in seiner Anrede "Gewiss, Dante!"[559] zum Ausdruck kommt, — während Ascanio von dick aufgetragener Schmeichelei nicht weit entfernt ist, wenn er ihn "Homer und Virgil Italiens"[560] nennt und die Hofgesellschaft zu seinen Gunsten herabsetzt. Der Kleriker bringt gerade mit seinen zweiflerischen Fragen zum Ausdruck, dass er Dantes Autorität anerkennt und achtet[561]. Selbst die kecke Isotta redet ihn mit "Meister"[562] an.

Und doch, trotz dieser Ehrerbietung und trotz dem unleugbaren Einfluss, den Dante auf die Hofgesellschaft ausübt, ist seine Stellung bei Hofe eine äusserst prekäre. Der Hof verkehrt mit ihm im Bewusstsein seiner höheren gesellschaftlichen Stellung. Dieses Selbstbewusstsein ist am deutlichsten in der Fürstin ausgeprägt, aber auch der weicheren Freundin Cangrandes fehlt es nicht, wie aus ihrer Reaktion auf das komische Schattenbild Dantes hervorgeht[563]. Aus allen Äusserungen der Anwesenden spricht die höfische Sicherheit; selbst der Geringste unter ihnen, der Edelknabe, widerspricht ihm keck: "Grosser Meister, wie wenig du dich kennst oder zu kennen vorgibst[564]!" Auch der Fürst ist nicht von dieser Haltung ausgenommen. Gönnerhaft redet er seinen Schützling immer an mit "mein Dante"[565]. Nur ein einziges Mal redet er ihn mit "Florentiner"[566] an, nämlich dort, wo er sich über die Gestalt Ezzelins begeistert, wie sie von Dante gezeichnet wird: vorübergehend vergisst er Dantes Abhängigkeit, weil er sich vom Dichter als Herrscher verewigt sieht.

Dantes wahre Stellung am Hofe findet ihren Ausdruck in der Haltung des Haushofmeisters, der Dante als "beherbergten Gelehrten" und "geduldeten Flüchtling" behandelt, welchem er "in gerechter Erwägung der Verhältnisse und Unterschiede auf dem oberen Stockwerke des fürstlichen Hauses eine denkbar einfache Kammer eingeräumt" hat[567]. In der Tiefe ihres Bewusstseins

557 64/1–3
558 64/1
559 9/6
560 8/28
561 10/8 30
    11/1
562 9/14
563 8/23f

564 64/34f
565 7/25
    11/12
    44/3 14
    56/21 34
    57/10
566 12/9f
567 44/33–45/1–4

teilen alle diese Einschätzung von Dantes gesellschaftlicher Stellung, auch der Fürst. Wäre Dante als gleichberechtigt geehrt, so würde er dafür sorgen, dass er ein entsprechendes Zimmer bekäme; statt dessen belässt er ihn ruhig in der dürftigen Kammer, in die ihn der Haushofmeister gesetzt hat.

Die Gesellschaft achtet ihn um seiner geistigen Gaben willen: "Diese stolzen und dunklen Sätze imponierten der Gesellschaft"[568], heisst es einmal; aber sie ist keineswegs bereit zu rückhaltloser Bewunderung seines Genies. Im Grunde genommen hat sie gar keinen Sinn für seinen geistigen Rang, Cangrande ausgenommen. Der Dichter ist in ihren Augen eine willkommene Abwechslung im höfischen Leben, ein Kuriosum, dessen Eigenheiten man Rechnung tragen muss. Der höfische Umgangston fängt alle Grobheiten Dantes auf und macht sie damit unschädlich. Dies wird besonders deutlich in der Art, wie die Gesellschaft seine Kühnheit aufnimmt, ihre Personen in der Erzählung zu verwenden[569]. Sie bezeugt damit ihren eigenen Rang im Gegensatz zum pedantischen Haushofmeister, der Dante rein von der gesellschaftlichen Hierarchie her sieht und dementsprechend reagiert: was die andern "lächelnd gelitten" empfindet er als ein "Ärgernis"[570].

Die lächelnde Duldung stellt den Dichter auf die gleiche gesellschaftliche Stufe wie den Hofnarren. Rein äusserliche Parallelen bestärken in dieser Vermutung: er ist, das wird ausdrücklich hervorgehoben, "neben Dante der einzige Bejahrte der Gesellschaft"[571] und zahnlos[572] wie dieser. Und wie zwischen Gleichgestellten leicht Neid und Intrigen aufkommen, so sieht der Narr in Dante "seinen Nebenbuhler um die nicht eben wählerische Gunst des Herrn", und als solchen hasst er "den Fremdling mit kindischer Bosheit"[573]: er weist auf das lächerliche Schattenbild Dantes und zerstört damit die Wirkung seines würdevollen Auftretens. Umgekehrt sieht Dante im Narren seinen unwürdigen Konkurrenten[574], dessen Wertlosigkeit er mit boshafter Schärfe seinem Gönner ins Bewusstsein bringt[575].

Die Gunst des Fürsten ist der dünne Boden, auf dem Dante steht. Dante untergräbt seine eigene Sicherheit, wenn er dem Fürsten seinen niedrigen Geschmack an Narren vorhält. Denn Cangrande, der diesen Stich empfindet[576], rächt sich[577] indem er Dante die Rachsucht gegen seine Vaterstadt ankreidet: "Lasse dir sagen, es ist unedel, seine Wiege zu schmähen, seine Mutter zu beschämen! Es kleidet nicht gut! Glaube mir, es macht einen schlechten Eindruck[578]!" — "Ähnlicherweise, mein Dante, spricht ein

568 11/7
569 12/30–34
570 45/5
571 8/12f
572 8/11–63/31
573 8/15–17

574 8/8–10
575 35/7–11
576 35/12f
577 57/1–3
578 56/30–33

Hochherziger, welchen seine Vaterstadt misshandelt: Ich will geschlagen sein[579]!" Dante hat keine Antwort auf diese Vorwürfe, er verhüllt sich schweigend das Haupt. Und seine feinfühlige Umgebung errät das Leiden an seiner Heimatlosigkeit. Cangrande ist gross genug, seinen Sieg nicht auszukosten, sondern ihn in einen Triumph für den Dichter umzuwandeln: er führt ihn an der Hand zu seinem eigenen Platz mit den Worten "er gebührt dir"[580]. Hier zeigt sich auch, dass Cangrande seine Schützlinge zu wägen weiss: er schüttelt den Narren wie eine Feder von seinem Mantel; dieser hat kein Gewicht bei ihm. Der Vorgang macht aber auch deutlich, dass nicht geistige Grösse Dante die höchste Ehrung bringt, sondern im Gegenteil seine menschliche Schwäche. Denn Cangrandes Tadel wird in keiner Weise entkräftet, und die Begründung des Umschlags in der Stimmung des Hofes — "Hier sitzt ein Heimatloser!"[581] — lässt keinen Zweifel an dessen Natur aufkommen: es ist das höfische Taktgefühl, das Cangrande gebietet, einen geistig hochstehenden, aber in der Welt hilflosen Menschen zu ehren und zu beschützen.

Die Hilflosigkeit Dantes im weltlichen Bereich hat ihre Ursache in einer ungewöhnlichen Empfindlichkeit. Vor allem ist er empfindlich gegen Verletzung seiner Person und ihrer Würde, was ironisch durchklingt in der Bemerkung, Ascanio wendete sich an Dante "mit jener massvollen Ehrerbietung, in welcher dieser angeredet zu werden liebte"[582]. Schon die Zuweisung der dürftigen Kammer kränkt ihn[583], er fühlt sich nicht nach seinem inneren Werte gemessen, sondern nach seinen äusseren Umständen. Die Vernachlässigung durch die Diener erbittert ihn so, dass er erst allmählich und mit etlichem Schmeicheln besänftigt werden kann[584]. Seine Abhängigkeit vom Fürsten macht ihn reizbar, sein Stolz ist durch diese Stellung im Innersten getroffen. Je höflicher und zuvorkommender Cangrande ist, umso mehr fühlt er seine Ohnmacht, desto gereizter wird er. Cangrandes höfliches "Darf ich unterbrechen?" erst noch in einer natürlichen Pause — wird mit einem groben "Du bist der Herr" vergolten[585]. Selbst die gutgemeinte Aufforderung Cangrandes, sich neben ihn zu setzen[586], enthält für ihn die doppelte Demütigung, an seine Abhängigkeit und an seinen niedrigen Rivalen erinnert zu werden, der ebenfalls neben Cangrande sitzt, wenn auch am Boden. Sogar die Form, in der Cangrande um eine Geschichte bittet[587], empfindet er, denn am Schluss spielt er darauf an: "Ich habe meinen Platz am Feuer bezahlt"[588]; er hat also den ganzen Abend hindurch die Worte des Fürsten nachgetragen.

579 57/10f
580 57/32
581 57/27f
582 8/25—27
583 44/33—45/8
584 7/21—24

585 43/22—24
586 7/25
    8/4—10
587 7/26—28
    7/30—33
588 98/4

Aber nicht nur Missachtung seiner Person, auch Verstösse gegen seine Überzeugungen beleidigen ihn: die Zweiweiberei des Fürsten[589], die Existenz des Narren[590], die Zweiflerei des Klerikers[591], der Schwank eines Zuhörers, ja auch harmlose Dinge wie die Pedanterie[592] des Haushofmeisters und seine barbarische Aussprache[593], das Geschwätz einer Hofdame[594] erzürnen ihn. Im Grunde ist ihm die ganze höfische Lebenshaltung ein Dorn im Auge, sie widerspricht seinem Ernst in religiösen, sittlichen und künstlerischen Dingen gänzlich. Er fühlt sich — seine materielle wie geistige Existenz — von der höfischen Norm dauernd in Frage gestellt. Die objektive Unsicherheit seines Lebens zusammen mit seiner masslosen Empfindlichkeit treiben ihn in eine Haltung dauernder Abwehrbereitschaft und Selbstbehauptung, die ihren Ausdruck finden in herrischem Gebaren und würdevollem Auftreten, deren Ursprung aber verraten wird von seiner Gereiztheit.

Dante muss sich in einer Gesellschaft behaupten, die ihn zwar aufgenommen hat, aber nicht als ihresgleichen anerkennt, und dies gelingt ihm, indem er seine Dichtergabe als Waffe benutzt. Dante stellt das Gleichgewicht her durch seine Erzählung: indem er Gestalt und Namen seiner Zuhörer als Material nimmt, übt er indirekt seine Macht über sie aus. Wohl behauptet er: "euer Inneres lasse ich unangetastet, denn ich kann nicht darin lesen"[595], doch das Äussere ist Ausdruck des Inneren, und jeder fühlt sich mit seiner Gestalt und seinem Namen angesprochen. Dante weiss dies: mit "lächelnder Drohung"[596] kündigt er seine Absicht an, und auch den Zuhörern ist es bewusst: ein "Gemurmel der höchsten Aufregung"[597] durchläuft sie.

Das Geschichtenerzählen, von der Hofgesellschaft als harmloser Zeitvertreib an Winterabenden betrieben, wird in Dantes Hand zum Instrument der Rache: der Haushofmeister wird zu einer lächerlichen Figur gestempelt[598], der Hofnarr zu einem blöden, verfressenen Egoisten[599]. Auch Hofleute, denen Dante nichts nachtragen kann, als dass sie ihm persönlich missfallen, werden ins Negative verzeichnet: Isotta als dumme, vorlaute Zofe[594], der Kleriker als verkommener Klosterbruder[591]. Selbst dem Fürsten — seinem "Gastfreund"[600], wie er gerade an dieser einzigen Stelle genannt wird — versetzt er einen Stich.

589 8/6f
590 35/4ff
591 19/1—8 vgl. 561
592 45/6—8
    46/28
593 32/8—11
    45/33—35
594 9/22f
    55/31
595 12/27f

596 12/24f
597 12/31
598 44/26—28
    45/10—46/29
    49/18—50/3
    56/7—16
599 31/11—25
    34/1—35/2
    62/34—63/9
600 35/10

Dante geniesst die Hiebe, die er austeilt: er weidet sich an der Entrüstung des Haushofmeisters[601], und nach dem Stich gegen Cangrande setzt er "befriedigt, fast heiter"[602] seine Erzählung fort, ja er ist so erfreut, dass er darüber die Zeder vergisst und statt dessen "Pinie"[603] sagt, das einzige Versehen in der ganzen Erzählung. Hierin zeigt sich, dass Dantes Rache mehr ist als gerechter Zorn über Misshandlung. Es macht ihm Spass, seine Mitmenschen in ihren Schwächen zu treffen. Dies wird zum grausamen Spiel, wenn er sich an der Erregung der beiden Frauen vergnügt: "Dante für sein Teil lächelte zum ersten und einzigen Mal an diesem Abende, da er die beiden Frauen so heftig auf der Schaukel seines Märchens sich wiegen sah[604]."

Die grausame Rachsucht Dantes entspringt seiner Unfähigkeit, erlittenes Unrecht zu verschmerzen und dem Schuldigen zu verzeihen. Er ist überhaupt unfähig, menschliche Schwächen zu ertragen, und darüberhinaus unduldsam gegen andere Meinungen und Lebenshaltungen. Dieser Mangel an Anpassung, dieses Unvermögen, sich in eine Gemeinschaft einzuordnen, prägt ihn zum Aussenseiter, zum einsamen Querulanten. Man wundert sich nicht, dass er aus Florenz verbannt wurde: in einer Republik muss er zum Stein des Anstosses werden, an einem Fürstenhof ist er bloss Unterhaltung. Und so ergibt sich die paradoxe Situation, dass ein so unabhängiger Geist wie Dante sein Leben am Hof eines Despoten fristen muss.

Die Haltung zur Kirche und zum Christentum, das Erlebnis der Ungeborgenheit

Dante lebt an einem Hof, der dreiste und ketzerische Äusserungen über kirchliche Dinge duldet, ja belächelt[605]. Er selbst spricht ebenso frei, wenn auch mit Ernst, über kirchliche Einrichtungen. Er entwickelt die Theorie, dass die Kirche die Barmherzigkeit, der Staat die Gerechtigkeit zu verwalten hätten, "die beiden höchsten Kräfte der Menschenseele"[606]. Die Kirche steht somit auf der selben Stufe wie der Staat: sie ist eine menschliche Einrichtung, und als solche unvollkommen — es gibt schlechte Mönche, sowie es ungerechte Richter gibt[607].

Im Medium seiner Geschichte übt Dante Kritik an der historischen Kirche und zeigt ihr Versagen. Sie verstösst aus Geldgier[608] durch das formelle Lösen der Gelübde einen Menschen, der gerade in diesen Gelübden und in ihrem Schosse seinen Halt fand[609]. Hier wird offenbar, was schon in seiner Theorie

601 45/6—8
602 35/14
603 35/17
604 64/25—27
605 10/11ff

606 10/22
607 10/30—35
608 20/34f
609 23/18ff

69

von der Kirche als Verwalterin der Barmherzigkeit beschlossen liegt, dass Dante nicht an ihren sakralen Charakter glaubt, an ihren Anspruch, zu binden und zu lösen. In vielen Szenen und Äusserungen kommt dies zum Ausdruck. Schon in der kurzen Inhaltsangabe vor der Erzählung sagt er: "sich selbst mehr noch als der Kirche gegebene Gelübde[610]." Dies wiederholt er in der Frage Ezzelins: "Wem hast du dein Gelübde gegeben, Mönch? dir? oder der Kirche?"[611], und selbst der alte Vicedomini bestreitet es nicht: "Natürlich beiden! ... Das sind verfluchte Spitzfindigkeiten[612]!" Die vornehmen Frauen schaudern, "trotz dem Breve des Papstes, vor dem Sacrilegium"[613]. Auch Ascanio spricht vom Brechen der Gelübde[614], Diana[615] und Germano[616] von Treubruch. Die gebrochenen Gelübde sind ein Stadtärgernis[617], das Volk verurteilt ihn als ruchlos[618]. Niemand glaubt im Grunde an das Breve des Papstes, auch Astorre nicht, denn er denkt: "Mit gleichen Füssen habe ich über mein erstes Gelübde weggesetzt[619]." Solche Übereinstimmung in Aussagen der verschiedensten Gestalten kann nur der tiefen Überzeugung des Dichters entspringen, dass Gelübde nicht der Kirche gegeben werden und also auch nicht von der Kirche gelöst werden können. Dante glaubt nicht an die Mittlerrolle der Kirche.

In geradezu groteskem Licht erscheint die Kirche in ihrer Rolle als Verwalterin der Sakramente. Die Priester wollen den alten Vicedomini mit den Sterbesakramenten versehen. Dieser weigert sich jedoch: "Bei allen Teufeln, ... lasst mich zufrieden mit eurem Geknete und Gesalbe[620]!" Auf das Drängen des amtierenden Priesters antwortet er mit der Lästerung der Dreieinigkeit. Und erst, nachdem er seinen Willen durchgesetzt hat, ist er bereit zur heiligen Handlung: "Jetzt rasch, ehrwürdige Väter! ... es eilt, wie ich meine, und ich bin in christlicher Verfassung[621]." Welcher Hohn, nach der lästerlichen Verleugnung der höchsten christlichen Glaubensinhalte. Den Priestern genügt jedoch das Murmeln einer kurzen, offenbar formelhaften Beichte, in der kaum die Rücknahme der Lästerungen enthalten sein wird. Dass "jenes grossartige: 'Brich auf, christliche Seele!' "[622] auf taube Ohren stösst, ist sinnbildlich: diese Seele ist tief heidnisch, das Christliche nur Oberfläche. Und doch vollziehen die Priester die heilige Handlung, sie damit zur Farce herabwürdigend. – Auch das Ehesakrament wird zur Farce erniedrigt: der Priester lässt sich mit Gewalt oder Geld erpressen, Astorre und Antiope zu trauen[623].

610 9/31
611 23/22f
612 23/24f
613 58/12
614 67/23f
615 29/28f
616 37/16ff

617 33/24ff
618 81/26
619 75/24
620 27/28f
621 28/34f
622 29/9f
623 75/35–76/11

Die Kirche als Wahrerin des Glaubens wird ebenfalls lächerlich gemacht: eine Bulle des Papstes, die den Kaiser der Gottlosigkeit anklagt, wird "die Neuigkeit des Tages"[624] genannt, der Papst selbst "der dreigekrönte Schriftsteller"[625], und Ezzelin redet dementsprechend: "Siehe da, . . . das Neueste[626]!" Dahinter wird die Machtpolitik des Papstes sichtbar, ein unausgesprochener Tadel, da er mit dem Missbrauch seiner Stellung die eigentliche Aufgabe der Kirche verrät.

So ist die Kirche in der Erzählung durchwegs negativ gezeichnet, krank an Haupt und Gliedern. Ihre Autorität ist geschwächt, die Menschen gehen ihre eigenen Wege. Auch die staatliche Macht, verkörpert in Ezzelin, steht der Kirche völlig fremd gegenüber: "Ich zwar habe mit der Kirche nichts zu schaffen. Sie lässt mich gleichgültig[627]." Als politische Grösse behandelt er sie feindlich: der Graf Canossa wird enthauptet, weil er sich mit ihr eingelassen hat[628]. Die Kirche besteht nur in den Werken der Barmherzigkeit, die der Mönch vor seiner Verweltlichung vorbildlich geleistet hat[629], und gerade dieser Stütze beraubt sich die Kirche mit ihrer Geldgier selbst.

Dante gesteht der Kirche nur die eine Funktion: Ausübung der Barmherzigkeit, zu. Er schneidet ihr die andere, Wahrung des Glaubensgutes, ab, was auf seine Gläubigkeit ein zweifelhaftes Licht wirft. Tatsächlich fehlt das spezifisch Christliche: Christus hat keinen Ort in seiner Weltanschauung. Auch von der Botschaft Christi, dass innere Umkehr möglich ist, dass Gnade die Sünde auslöscht, ist nichts zu finden. Er scheint an die Hölle zu glauben, denn er sagt: "Der entsetzte Mönch . . . sah seinen Vater unwiderruflich der ewigen Unseligkeit anheimfallen. So meinte er und war fest davon überzeugt, wie ich es an seiner Stelle auch gewesen wäre[630]." Aber dieses Bekenntnis wird abgeschwächt durch eine andere Stelle: "Gott möge uns alle . . . vor der Eifersucht behüten! Sie ist die qualvollste der Peinen, und wer sie leidet, ist unseliger als meine Verdammten[631]!" Das Jenseits verliert an Bedeutung gegenüber dem Diesseits. Er scheint auch an den Himmel zu glauben, denn wenn er sagt: "der Heilige mit den vier Wundmalen hatte sich abgewendet von dem untreuen Jünger, der seinen Strick und seine Kutte verschmähte"[632], so muss man annehmen, dass er an die Weiterexistenz und Wirksamkeit der Heiligen glaubt.

Den christlichen Glaubensinhalten stehen jedoch heidnisch-antike gegenüber. Dante unterbricht seine Erzählung, um sich vor dem Schatten Friedrichs II. zu verneigen[633]. Er bekundet damit einen Glauben an die antike

624 33/13f
625 41/7
626 41/2f
627 20/23ff
628 47/8ff

629 16/11–22
630 27/33ff
631 71/4ff
632 72/16ff
633 33/10

Vorstellung des Schattenreiches, der viel tiefer geht als der Glaube an den christlichen Himmel, denn den Heiligen bezeigt er keinerlei Ehrung. Die heidnische Auffassung des Weiterlebens in den Nachkommen ist im alten Vicedomini grossartig gestaltet. Dieser hat sich "lebelang nicht im geringsten mit etwas Öffentlichem beschäftigt, sondern ein zähes Dasein und prächtige Willenskräfte auf ein einziges Ziel gewendet: den Reichtum und das Gedeihen seines Stammes"[634]. Er klammert sich deshalb an den Mönch, seinen letzten Nachkommen: "Söhnchen, Söhnchen, . . . mein letzter und einziger Trost! Deine Brüder und Neffen sind weg, und jetzt bist du es, der die Lebensfackel unseres Hauses trägt! Du bist ein Flämmchen, das ich angezündet habe, und mir kann nicht dienen, dass es in einer Zelle verglimme und verrauche[635]." Durch die Oberfläche seines Christentums bricht seine wahre Überzeugung: "Was hast du über mich verhängt, Geliebtester? Himmel oder Hölle[636]? " — "Bei allen Teufeln, . . . lasst mich zufrieden mit eurem Geknete und Gesalbe! Ich habe nichts zu verspielen; ich bin schon ein Verdammter und bleibe es mitten im himmlischen Reigen, wenn mein Sohn mich mutwillig verstösst und meinen Lebenskeim verdirbt[637]!"

Den Tod selbst beschreibt Dante nur in heidnischen Metaphern: der alte Vicedomini fühlt "seine Knie . . . in die kalte Flut der Lethe versinken"[638], und etwas vorher lässt er ihn sagen: "Ich fahre dahin, aber . . . lässest du mich meines Wunsches ungewährt, so weigert sich dein Väterchen, in den Kahn des Totenführers zu steigen, und bleibt zusammengekauert am Dämmerstrande sitzen[639]!" Der Tod ist das Ende, nicht ein neuer Anfang. Die Priester rufen zwar "jenes grossartige: 'Brich auf, christliche Seele!'"[640], aber Dante lässt die Botschaft auf taube Ohren fallen, und schon der Ausdruck "jenes grossartige" zeigt seine innere Distanz zur christlichen Auffassung des Todes.

Der Eindruck des Schwankens zwischen christlichem und heidnisch-antikem Glaubensgut wird verstärkt durch die Wahl von Metaphern aus beiden Bereichen, sie werden sogar mit Vorliebe nebeneinander gesetzt. So verwendet der heidnische Ezzelin den christlichen Hahn als Metapher für Verrat[641]. Astorre ruft alle seine Heiligen an und glaubt, "durch den himmlischen Beistand stark wie Hercules, die Schlangen erwürgt zu haben"[642]. Der alte Vicedomini klammert sich "an den Mönch, wie weiland Sankt Petrus auf dem See Genezareth an den Heiland", während er "seine Knie schon in die kalte Flut der Lethe versinken" fühlt[643]. In solchen Bildern wird

634 17/32ff
635 22/18ff 28ff
636 27/6f
637 27/28ff
638 27/17f

639 23/4
640 29/9f
641 42/25f
642 72/13 15f
643 27/17ff

Christliches wie Heidnisches zu einer blossen Fundgrube für literarische Ausschmückung.

Das Schwanken zwischen zwei religiösen Sphären, die einander so ungleich sind, die Unbedenklichkeit, mit der vor allem christliche Symbole verwendet werden, weisen auf eine versteckte Ungläubigkeit. Dass tatsächlich beide Glaubensformen von geringer Bedeutung sind, geht aus der Auffassung der Gottheit hervor. Der jüdisch-christliche Glaube an einen persönlichen Gott führt eine nur formelhafte Existenz. Viele Redewendungen gehören dahin: Ascanios "Gott gebe, dass wir uns nicht die Zähne ausbeissen!"[644], Dianas "Wollte der Allmächtige, ... mich zögen die Wellen und die andern stünden hier statt meiner!"[645], Germanos "Das weiss Gott, der Zeit und Stunde kennt"[646], "vor Gott und Menschen"[647]. Diesen Nennungen Gottes eignet auch darum wenig Glaubenskraft, weil Ascanio ein heidnisch sinnlicher Weltmensch und Dianas und Germanos Gottheit im Grunde die Treue[648] ist. Mehr Bedeutung hat Astorres "Gott verzeihe mir die Sünde"[649]; aber sein Ausruf: "Gepriesen sei Gott Vater, ... der Mann und Weib geschaffen hat!"[650] ist nahe am Klischee, und wenn er in seiner untadeligen Rede vor den Standesgenossen behauptet, "nach ernster Erwägung ... und gewissenhafter Prüfung vor Gott" seinen Entschluss gefasst zu haben, und "nur das Nächstliegende und Ungesuchte Gott gefällig" sein könne[651], sind das nicht nur blosse Redewendungen, sondern bewusste Lügen.

Die Menschen führen wohl Gott im Munde, aber sie glauben nicht an seine Wirksamkeit. Wenn sie davon reden wirkt es wie Hohn auf echten Glauben, so sehr bleiben sie ihrem egoistischen Streben verhaftet. Der alte Vicedomini meint: "Wirklich? Dieser hat dich aus der Brenta geholt? Hm! Merkwürdig! Die Wege Gottes sind doch wunderbar[652]!" Sotte erzählt, wie sie den Ring Antiope angesteckt, "den Wink der Vorsehung und die Schlauheit des Mönches verstehend"[653]. Der persönliche Gott ist in die Ferne gerückt, er ist ein Name, der keine Bedeutung mehr hat.

Als solcher ist er beinah schon Mythos geworden, was auch in den mehrfachen Anspielungen auf die Schöpfungsgeschichte zum Ausdruck kommt: "Du liegst unter deiner Riesenzeder gleich dem ersten Menschen, den Gott, wie die Gelehrten behaupten, als einen Dreissigjährigen erschuf[654]";

644 46/7
645 21/32f
646 40/1f
647 68/30
648 89/4–8
649 26/33f

650 66/32f
651 59/12 18f 24f
652 22/6f
653 55/22ff
654 35/34ff

"Diese verpfuschte Riesin, die Gott Vater stümperte, als er noch Gesell war und kneten lernte![655]"; "Gepriesen sei Gott Vater, ... der Mann und Weib geschaffen hat[656]!"

Dementsprechend hat der Glaube auch keinen Einfluss auf das menschliche Handeln, wofür jede einzelne Gestalt als Beispiel dienen könnte, am sichtbarsten der alte Vicedomini, dessen Glaube nur Schein ist, aber auch der Mönch, dessen Glaube – wenigstens anfangs – mehr überzeugt. Es ist kein Zufall, dass die beiden einzigen Stellen, an denen das Wort "Christ" fällt, durch die unmittelbar folgende Handlung in ihr Gegenteil verkehrt werden. "Niemand endet mehr als reuiger Christ in seinem Bette[657]", sagt der alte Vicedomini – und darauf folgt sein eigenes, unchristliches Sterben. Madonna Olympia bittet den Mönch, Antiope "als ein frommer Christ" zum Altar zu führen – darauf folgt das wenig fromme Erzwingen der Trauung[658].

Mehr mit dem menschlichen Dasein sind die antiken Göttervorstellungen verwoben. Auch hier sind manche Erwähnungen nicht viel mehr als rhetorische Ausschmückung: Ezzelin redet von der Göttin Ceres[659], Dante von der Aurora ("bis ein junger Tag ... die göttliche Fackel schwang")[660]. Das Bekenntnis des Mönchs Astorre aber: "wenn du einen Haltlosen, ja einen Sinnberaubten in mir erblickst, ich zürne dir es nicht, denn ein starker Gott, den ich leugnete, weil ich sein Dasein nicht ahnen konnte, hat sich an mir gerächt und mich überwältigt"[661], bedeutet mehr als eine Personifizierung eines seelischen Vorgangs, denn seine Gewalt wird als Zugreifen einer fremden Macht empfunden. Deutlicher noch spricht der Glaube an eine heidnische Gottheit aus Germano: "Vor Zeiten, ... unter den blinden Heiden gab es eine Gottheit, welche gebrochene Treue rächte. Das wird sich mit dem Glockengeläute nicht geändert haben. Ihr befehle ich meine Sache[648]!" und Dante bestätigt die Richtigkeit dieser Erwartung mit dem Ausgang seiner Erzählung.

Die beherrschende Macht in ihr ist aber weder der ferne jüdisch-christliche Gott noch die sporadisch auftauchenden antiken Götter, sondern das unpersönliche, unbeeinflussbare und dem Menschen feindliche Schicksal. So erscheint es in der Geschichte vom unehelichen Sohn Ezzelins, der, von ihm begnadigt, trotzdem später vom gleichen Kriegsknecht und mit demselben Schwerte niedergestossen wird, das ihn damals hätte richten sollen[662]. Daran denkend sagt Ezzelin: "Ich – was an mir liegt – friste dem Wankelmütigen und Wertlosen das Dasein. Allein ich vermag nichts gegen sein Schicksal. Ist Astorre dem Schwerte Germanos bestimmt, so kann ich diesen es senken

655 61/28ff
656 66/32f
657 20/21f
658 75/10

659 42/5f
660 81/15f
661 87/12ff
662 83/9–25

heissen, jener rennt doch hinein[663]." Dante lässt diese Ahnung wörtlich in Erfüllung gehen[664], ein Hinweis, dass er selbst an das Schicksal glaubt. Er sagt auch in eigener Person: "das Verhängnis schritt rascher, als mein Mund es erzählte[665]." Seine Erzählung ist voll von üblen Vorzeichen, die sich alle bewahrheiten. Der Rat Ascanios, einen, nicht zwei Ringe zu kaufen[666], deutet schon auf den verhängnisvollen Kauf zweier Ringe[667], und Dante verstärkt den Charakter eines Omens noch, indem er hinzufügt: "Es war eine jener farbigen Seifenblasen, deren der Lustige mehr als eine täglich von den Lippen in die Luft jagte[668]." Der Spott des Goldschmieds: "Für die zwei Liebchen der Herrlichkeit"[669], wird kurz darauf zur Wahrheit. "Wenn du dir den Pfeil des blinden Gottes nicht rasch und heldenmütig aus dem Herzen ziehst, ermordet er dich, Antiope und noch ein paar andere, wen es gerade treffen wird"[670], sagt Ascanio, und es ist ein Pfeil, der Antiope und Germano tötet[671]. Antiope, die sich wendet, um den Gatten wiederzuküssen, küsst die Luft[672], ein Hinweis, dass sie ihn nicht wiedersehen wird. Das Omen erweist das Schicksal als ein Vorbestimmtes.

Nach Ezzelin wird das Schicksal von den Sternen bestimmt[673]. Dante lässt die Frage offen: "Die ewigen Lichter, ob sie nun unsere Schicksale beherrschen oder nicht[674]." In einigen Ausdrücken zeigt sich eine Verlagerung von aussen nach innen. "Diana hat einen Unstern"[675], sagt Ascanio, und Ezzelin von Moses, Mohammed und Christus: "sie hatten ihre Sterne"[676]. Dass "Stern" in dieser Wendung im übertragenen Sinne von innerem Leitbild gebraucht wird, zeigt die Stelle, wo Ezzelin Astorre ermahnt: "Glücklicher! Du hast einen Stern! Dein Heute entsteht leicht aus deinem Gestern und wird unversehens zu deinem Morgen! Du bist etwas und nichts Geringes; denn du übst das Amt der Barmherzigkeit, ... Würdest du in die Welt treten, die ihre eigenen Gesetze befolgt, welche zu lernen es für dich zu spät ist, so würde dein klarer Stern zum lächerlichen Irrwisch und zerplatzte zischend nach ein paar albernen Sprüngen unter dem Hohne der Himmlischen[677]!" Hier ist Ezzelin der Ansicht nahe, dass das Schicksal vom Wesen eines Menschen bestimmt wird.

Aber die Natur eines Menschen ist ebenso starr und unbeeinflussbar gesehen wie ein vorbestimmtes Schicksal, das von aussen wirkt. So sagt

663 83/2ff
664 97/22–27
665 62/16
666 51/34
667 53/5
668 51/35ff
669 53/8f
670 67/25ff
671 96/31ff

97/24ff
672 95/29f
673 39/27–40/3
    20/14f
674 81/13f
675 83/29
676 41/26
677 25/30

Ascanio: "Nicht dass wir inzwischen unser Wesen geändert hätten, wer ändert es? doch wir haben uns ausgewachsen[678]." — "Meine Bestimmung war, das Leben leicht und heiter zu geniessen[679]." In der Geschichte erfährt keine der Gestalten eine Wandlung. Diana zum Beispiel verflucht ihren Jähzorn, und Germano meint, sie sei "davon genesen, zeitlebens"[680]; sie ist jedoch so wenig davon geheilt, dass sie bei nächster Gelegenheit Antiope tötet[681]. Astorre nimmt sich vor, "in Zukunft immerdar nach den Regeln der Klugheit zu handeln"[682]; aber die Begegnung mit Antiope lässt ihn seinen Entschluss vergessen.

Dante sieht demnach das Schicksal in zwei Weisen wirken: von innen durch den Charakter und von aussen durch Fügung. Der Mensch ist eingeklemmt zwischen dem, was er ist und dem, was ihm zustösst, er hat keine Freiheit. Das menschliche Leben wird zur Maschinerie, die erbarmungslos ihren Gang geht. Dantes Geschichte beruht auf dieser Überzeugung: der Mönch wird durch äussere Fügung aus der seinem Charakter entsprechenden Bahn geworfen, und in immer neuen Zufällen, die er seinem Charakter gemäss nicht verarbeiten kann, erfüllt sich sein Geschick.

Und doch ist auch das Schicksal nicht das Letzte in Dantes Weltbild. Denn wenn man die scheinbar zufälligen Ereignisse untersucht, die den Gestalten Dantes ihre Bahn weisen, so gehen sie ausschliesslich auf Ezzelin zurück. Er ist die Ursache, dass der älteste Sohn und die drei Enkel des Vicedomini in der Brenta den Tod finden[683], der zweite stirbt in einer seiner Schlachten[684], und so ist die Voraussetzung gegeben, dass der Mönch als letzter Erbe vom Vater zum Brechen der Gelübde überlistet wird. Noch könnte sich die Verweltlichung zum Guten wenden, wenn der Mönch sich selbst überlassen bliebe, aber Ezzelin treibt ihn zur überstürzten Vermählung mit Diana[685]. Das Fallenlassen des kleineren Ringes wird veranlasst von der Feldmusik Ezzelins, die sich rücksichtslos durch die Menschenmenge presst[686], und führt zu der verhängnisvollen Szene bei der Vermählung[687], ja selbst diese ist nur möglich, weil Ezzelin den Gatten Madonna Olympias hinrichten liess und sie darüber den Verstand verlor[688]. Aber auch die Liebe des Mönchs wäre kaum möglich gewesen ohne die frühere Begegnung mit Antiope bei der Hinrichtung ihres Vaters[689]. Eigentlich wäre sogar die ganze Verwicklung um die beiden Ringe

678 38/3
679 38/21
680 68/13
    69/15
681 96/26ff
682 59/3f
683 13/18−34
684 18/3ff
685 36/11−37/2

43/12ff
46/27ff
686 53/10−18
687 60/11−62/29
688 47/7−25
689 48/19−50/5
    52/4−7
    50/15−18

unterblieben, wenn Ezzelin Astorre nicht getadelt hätte, dass er sein Haus nie verlasse[690]; denn ohne diesen Tadel hätte Ascanio sich nicht genötigt gefühlt, den Mönch unter die Leute zu bringen[691], und dieser hätte einen Ring aus dem Hausschatz genommen[692]. Ezzelin durchschaut nur einen Teil seiner Verschuldung, wenn er vor den zu richtenden Parteien bekennt: "ich, Ezzelino da Romano, bin der erste und darum der Hauptschuldige. Hätte ich mein Ross nicht an einem gewissen Tage und zu einer gewissen Stunde längs der Brenta jagen lassen, Diana wäre standesgemäss vermählt und dieser hier murmelte sein Brevier. Hätte ich meine Deutschen nicht zur Musterung befohlen an einem gewissen Tage und zu einer gewissen Stunde, so hätte mein Germano den Mönch nicht unzeitig auf einen Gaul gesetzt und dieser der Frau, welche er jetzt an der Hand hält, den ihr . . . von seinem Dämon zugerollten Brautring wieder vom Finger gezogen[693]." Seine wahre Schuld sind nicht diese Zufälligkeiten, sondern seine Gewaltsamkeit, die alle gewöhnlichen Ordnungen zerstört. Der alte Vicedomini spricht dies aus, er widerlegt Ezzelins Behauptung, der Unfall auf der Brenta sei Schicksal gewesen: "Schicksal? . . . Schicksal und Sternguckerei und Beschwörungen und Verschwörungen und Enthauptungen, von der Zinne auf das Pflaster sich werfende Weiber und hundert pfeildurchbohrte Jünglinge vom Rosse sinkend in deinen verruchten waghalsigen Schlachten, das ist deine Zeit und Regierung, Ezzelin, du Verfluchter und Verdammter! Uns alle ziehst du in deine blutigen Gleise, alles Leben und Sterben wird neben dir gewaltsam und unnatürlich, und niemand endet mehr als ein reuiger Christ in seinem Bette[694]!" Auch Ascanio sieht diese Zusammenhänge: "Das Gemüt des Herrschers färbt Hof und Stadt. Wie das Leben hier in Padua geworden ist, unter meinem Ohm dem Tyrannen, wild und übertrieben und gewalttätig, gibt es dir ein falsches Weltbild. Palermo, wo sich unter dem menschlichsten aller Herrscher Spiel und Ernst, Tugend und Lust, Treue und Unbestand, guter Glaube und kluges Misstrauen in den richtigen Verhältnissen mischen, bietet das wahrere[695]."

So lässt Dante durch eine dunkle, zerrissene, in Sünde und Untergang verstrickende Welt in eine helle blicken, in der die Gegensätze versöhnt sind und die Menschen in Freiheit leben. Das Kennzeichen dieser Welt ist ihre Menschlichkeit: sie steht unter dem "menschlichsten aller Herrscher." Ascanio bringt einen Abglanz von ihr in die dunkle Welt, in der er als Neffe des Tyrannen leben muss: "Ich bin der einzige, welcher meinem Ohm leise, aber verständlich zuredet, dass er nicht unbarmherzig werde, dass er ein

690 43/7ff
691 50/19ff
692 50/23f

693 85/30
694 20/14ff
695 36/22ff

Mensch bleibe[696]." Er ist darauf bedacht, verhängnisvolle Entwicklungen aufzuhalten und begleitet den Mönch mit seinen Ratschlägen, deren Klugheit aus den folgenden Ereignissen erhellt, denn sie zeigen, dass das Verhängnis durch vernünftiges Handeln hätte vermieden werden können[697]. Er ist ein "Gütiger und Menschlicher"[698]. Er allein steht über der Verhaftung in eigensüchtige Ziele, und sieht deshalb die Gefahren. Dante spricht in diesem Zusammenhang von einem "prophetischen Licht"[699], und dies weist darauf hin, dass auch hinter dem Verhalten Ascanios ein Glaube wirksam ist. Es ist der Glaube an "Natur und Vernunft", nach Friedrich II. die einzigen wahren Götter neben vielem Wahn[700]. Nur dieser Glaube ermöglicht Freiheit in Denken und Handeln. Ascanio deutet es an, wenn er sich über die Prophezeiungen von Ezzelins Astrologen ärgert: "Geflechte von Vernunft und Wahn"[701], und die Astrologen mitverantwortlich macht für die wachsende Grausamkeit des Tyrannen: "Sie verleiten den Ohm, seinen Launen und Lüsten zu gehorchen, indem er das Notwendige zu tun glaubt[702]." Die Herrschaft der Vernunft bedeutet Freiheit vom Zwang der Umstände. Ascanio ermahnt Astorre: "Aber da du kein blindes Element, sondern eine Vernunft und ein Wille bist, so tritt die Flamme aus, sonst frisst sie dich und ganz Padua[703]." Der Rat, am Hofe Friedrichs zu einem Mann zu werden, "der sich und andere besitzt"[704], kommt aus der Überzeugung, dass vernünftiges Handeln möglich und erlernbar ist.

Andrerseits wird ein der Natur entsprechendes Handeln gefordert. Dante lobt einen Mönch, der Krieger wird: "Er tat recht, . . . er hatte sich selbst getäuscht über seine Anlage"[705], und eine Novize, die heiratet: "Sie tat gut, . . . denn sie handelte aus der Wahrheit ihrer verliebten Natur[706]." Sünde ist nach Dante, "was nicht aus dem Glauben" geht, "das heisst aus der Überzeugung und Wahrheit unserer Natur"[707]. Der Mönch Astorre sündigt, weil er gegen seine Natur handelt und einen Stand verlässt, der ihm das passende Leben gewährleistet.

Den Glauben, der so als eine letzte Möglichkeit aufleuchtet, könnte man human nennen. Seine wesentlichen Merkmale sind Vernunft, Güte, Selbstbeherrschung, Achtung vor der Natur des Menschen, und Glauben an ihn und seine Zukunft. Dante beschreibt das künftige Geschlecht als eines, "welches die beiden höchsten Kräfte der Menschenseele, die sich auszuschliessen

696 39/10ff
697 36/9–37/2
43/15f
49/28–32
67/18–28
69/29f
79/16ff
82/21–31
698 80/3f

699 50/8
700 41/21f
701 40/4
702 40/12–14
703 67/19–21
704 36/15–37/2
705 9/12f
706 9/24f
707 10/6f

78

scheinen, die Gerechtigkeit und die Barmherzigkeit, vereinigen lernt"[708]. Sein Glaube an den Menschen verrät das Bekenntnis: "Fragt und untersucht unsere Philosophie nicht: wie ist das Böse in die Welt gekommen? Wären die Bösen in der Mehrzahl, so frügen wir: wie kam das Gute in die Welt[709]? " – und eine "himmlische Verklärung" erleuchtet seine strengen Züge[710]. Aber Dante besitzt diesen Glauben nicht, obwohl er ihn kennt und an andern, Friedrich und Ascanio, beschreiben kann. Er selbst lebt in der Welt eines Ezzelin, in der die Gegensätze unversöhnt aufeinanderprallen, und nur von ferne erblickt er in der Vergangenheit das lichte Reich Friedrichs II., und in der Zukunft das Herrschen eines neuen, besseren Menschengeschlechtes.

Der humane Glaube als letztes Ziel des Menschen und dessen Verwirklichung in einer humanen Welt sind im Grunde nichts anderes als ein säkularisiertes Paradies oder ein rationalisiertes goldenes Zeitalter. Christliche und heidnisch-antike Vorstellungen werden verschmolzen zur Ahnung, ja Erwartung der menschlichen Vollendung in der geschichtlichen Zukunft. Die Erlösung des Menschen aus seiner Zwiespältigkeit wird durchaus rational gesehen als natürliche Entwicklung. Aber einige wichtige Einzelheiten verraten den Ursprung dieser Zukunftsträume. Dante verlegt sie in eine "späte Weltstunde"[711], und damit ans Ende eines geschlossenen Kreises. Das christliche Paradies ist damit wohl ins Diesseits genommen, jedoch ohne die Vorstellung der Endzeit, die mit derjenigen vom Paradies gekoppelt ist, aufzugeben, es entsteht eine unbefriedigende Zwischenstufe, halb heidnisch, halb christlich, notdürftig überdeckt mit rationalen Elementen. Auch der Anfang des Kreises, der nach christlicher wie heidnischer Überlieferung gleich ist wie das Ende, wird rationalisiert und in eine verklärt gesehene Vergangenheit projiziert. Ihre weite Entfernung von den geschichtlichen Anfängen hebt diese Deutung nicht auf, sie zeigt nur, dass Dante sich nicht bewusst ist, welche Rolle er der Welt Friedrichs II. zuschiebt. Darauf deuten auch die Unstimmigkeiten zwischen bewusstem Fürwahrhalten und unbewusster dichterischer Gestaltung. Dante kann nicht an die Unschuld Peters von Vinea glauben, sonst würde sein Bild eines vollkommenen Friedrich II. zerstört, und aus demselben Grunde kann er nicht an Friedrichs Lästerung Christi glauben. In der Dichtung jedoch kommt die verdrängte Überzeugung zum Wort. Dass sie die wahre ist, geht aus der Fadenscheinigkeit der Gründe hervor, die Dante, zur Rede gestellt, vorbringt[712].

Das Verständnis der menschlichen Geschichte als Heilsgeschichte – vermischt allerdings mit der antiken Vorstellung des Ablaufs in Zeitaltern –

708 10/22–24
709 11/3–6
710 11/2f

711 10/24
712 43/25–44/13

ist also beibehalten, wenn auch in säkularisierter und rationalisierter Form. Dante kommt nicht los von den überlieferten Vorstellungen, obwohl er ein zutiefst diesseitsgläubiger Mensch ist. Dies zeigt seine Auslegung eines Bibelzitates, das bezeichnenderweise nicht von Christus selbst, nicht einmal von einem seiner Jünger, sondern vom Apostel Paulus stammt: ". . . nicht anders, wenn ich ihn verstehe, meint es auch der Apostel, wo er schreibt: dass Sünde sei, was nicht aus dem Glauben gehe, das heisst aus der Überzeugung und Wahrheit unserer Natur[713]. Die Stelle steht im Römerbrief (14, 23) und lautet: "Alles aber, was nicht aus Glauben geschieht, ist Sünde." Es geht um das Essen von Fleisch, und Paulus erklärt: ". . . das Reich Gottes besteht nicht in Essen und Trinken, sondern in Gerechtigkeit und Frieden und Freude im heiligen Geist. . . . Zerstöre nicht um einer Speise willen das Werk Gottes! Alles zwar ist rein; . . . Wer dagegen zweifelt, wenn er isst, der ist verurteilt, weil es nicht aus Glauben geschieht; alles aber, was nicht aus Glauben geschieht, ist Sünde[714]." Der Glaube, von Paulus als etwas Geistiges, Jenseitiges verstanden, das dem weltlich verhafteten Fleisch feindlich gegenübersteht, wird dem natürlichen inneren Bedürfnis des menschlichen Wesens gleichgesetzt und damit der Jenseitigkeit entzogen. An die Stelle der christlichen Berufung aus dem Glauben tritt die natürliche Neigung: ein guter Mönch ist nicht derjenige, der seine Natur überwindet, sondern derjenige, dessen Anlagen dem Mönchsleben entsprechen; deshalb sind auch seine Gelübde nicht der Kirche gegeben, sondern "sich selbst", – also nicht einmal einer Gottheit[715]. Der christliche Glaube wird überflüssig. Dieselbe Tendenz zeigt sich, wenn Dante vom heiligen Antonius redet als einem zwar sehr klugen, hervorragenden Menschen, aus dem aber keine übernatürliche Weisheit spricht[716]; er nennt ihn dementsprechend einen "verdienstlichen Heiligen"[717]. Ebenso wenn er behauptet, wer an der Eifersucht leide, sei unseliger als seine Verdammten[718]; das Possessivpronomen weist überdies auf die Verdammten seiner "Göttlichen Komödie", das heisst, solche, die nur in der Dichtung existieren. Erst recht zeigt seine Haltung zur Kirche, der er die Mittlerrolle abspricht, wie wenig das Jenseitige in sein diesseitiges Weltbild hineinragt.

Das Bedürfnis, überliefertes Glaubensgut rational umzudeuten und in sein immanentes Weltbild einzubauen, beweist aber nicht nur die tiefe Verhaftung im Diesseits, sondern ebensosehr die Beunruhigung, die vom Anspruch der Überlieferung ausgeht. Er muss sich mit ihr auseinandersetzen, ohne sie aufgeben oder annehmen zu können. Der innere Widerstreit verringert die absolute Geltung der Glaubensinhalte, und so wird es möglich, dass er an alle

713 10/4–7
714 Römerbr. 14, 17–23
715 9/31

716 25/20–28
717 25/8
718 71/4–7

religiösen Formen glaubt, die seinen Gesichtskreis berührt haben, oder sie wenigstens für möglich hält. Christentum und Antike, ja sogar etwas Aberglauben bilden die Oberfläche seines Glaubens, die so stark ist, dass der visionär geschaute humane Glaube nicht durchdringen kann.

Da keine der Glaubensformen zur Herrschaft gelangt, fehlt Dante die Geborgenheit im Glauben. Die Grundstimmung seiner Existenz ist deshalb die Ungewissheit. Sie äussert sich in der Unbestimmtheit seiner Aussagen, die sogar im Tatsächlichen sehr oft ein Entweder-Oder bieten. Es ist deshalb keine Irreführung, wenn Dante sagt: "euer Inneres lasse ich unangetastet, denn ich kann nicht darin lesen[719]." Diese Äusserung entspricht seiner Überzeugung, dass nur das sinnlich Erfahrbare gewiss ist, aber nicht dessen Triebkraft. Gerade die seelischen Vorgänge schildert er meist nur indirekt in ihrer körperlichen Äusserung, in Miene, Gebärde, Gespräch oder Handlung. Die Deutung dieser Äusserungen geht nie über das Wahrscheinliche hinaus. Auch die Überlieferung in der Geschichte ist ungewiss: man kann nicht wissen, ob die Quellen über Ezzelin wahr oder falsch sind[720], ob Petrus de Vinea seinen Kaiser verraten hat oder nicht[721], ob der Kaiser die Lästerungen ausgesprochen hat oder nicht[722]. Dem Gegenwärtigen wie dem Vergangenen fehlt die Verlässlichkeit; es ist letzten Endes ein ungeheurer Wirklichkeitsverlust, der sich auch darin kundgibt, dass Dante das Vergangene als Traum bezeichnet[723] und Lebende Gespenster nennt[724].

Die einzige unauflösbare Gewissheit ist der Tod, und so spielt der Tod eine ungeheure Rolle. Dantes Geschichte geht aus von einer Grabschrift[725], sie beginnt mit dem Tod von vier Vicedomini[726] und endet mit dem Tod des letzten[727] und seiner Braut[728]. Dazwischen berichtet er den Tod des alten Vicedomini[729], den Tod des zweiten und dritten Sohnes[730], den Tod des Grafen Canossa[731], den Tod eines Narren Ezzelins[732], den Tod von Ezzelins Sohn[733], den Tod Germanos[734], er erwähnt Hinrichtungen[735], seine Gestalten denken an ihren eigenen Tod (Narr[736], Ascanio[737], Germano[738], Madonna

719 12/27f
720 12/13-15
721 44/10f
722 43/33-44/2
723 48/18f
724 20/5
    77/7
    92/13
725 11/15f
726 15/6f
727 97/25ff
728 96/30-34
729 29/7-11

730 18/1-9
731 47/8-15
    48/19-49/17
732 34/26ff
733 83/9-25
734 97/22-28
735 26/25f
    46/9-13
    83/9-11
736 31/15ff
    34/6f
737 39/21-24
738 39/26

Olympia[739]) und wünschen andern den Tod (Ascanio[740], Madonna Olympia[741], Volk[742], Germano[743]). Dante selbst denkt an seinen Tod[744].

Der Tod öffnet den Blick in die letzte und tiefste Ungewissheit, und es ist bezeichnend, dass die meisten der übriggebliebenen Glaubensinhalte das Leben nach dem Tode betreffen. Hier verbindet sich die Ungewissheit mit der Furcht vor dem Unbekannten, die vor allem von der christlichen Vorstellung des Jüngsten Gerichts geweckt wird. Dante wagt es nicht einmal zu nennen, sondern er sagt: "die Tuba jenes Tages[745]."

Die Furcht vor dem Unbekannten wird zur religiösen Ehrfurcht. Dante duldet keinen Scherz in heiligen Dingen: gegen den Erzähler eines Schwankes über den heiligen Antonius runzelt er die Stirn[746] und den ungeistlichen Kleriker züchtigt er, indem er ihn in seiner Geschichte in der Gosse verkommen lässt[747]. Seine Ehrfurcht ist so tief, dass er Ascanio den Namen Christi als dritten Gaukler, der die Welt betrogen, nicht aussprechen lässt[748], und er kann dem verehrten Kaiser diese Lästerung nicht mit Gewissheit zuschreiben[749], obwohl er nichts gegen den Dreireim auf die heilige Speise einzuwenden hat − er stellt ihn als echt hin[750].

Dante ist ein tief religiöser Mensch: er fühlt das menschliche Leben gebunden an ein Göttliches, vor dem sich jeder verantworten muss. Der Mönch wird zur Bewährung aufgerufen, aber er versagt und wird gerichtet. Wieder braucht Dante christliche Symbole: die Tuba als Symbol des Jüngsten Gerichts taucht immer dann auf, wenn Astorre eine Prüfung bevorsteht. Auf der Brücke erhält er "einen harten Stoss", der ihn den kleineren Ring fallen lässt, und im selben Augenblick schmettert ihm der "betäubende Ton von acht Tuben ins Ohr", die Feldmusik Ezzelins[751]. Gleich darauf begegnet ihm Antiope. Ascanio, seine Leidenschaft bemerkend, ermahnt ihn: "Dein Name, Astorre, ... schmettert wie eine Tuba und ruft dich zum Kampfe gegen dich selbst[752]!" Nach der widerrechtlichen Trauung dröhnt sein Name, von Ascanio gerufen, "im Echo des Gewölbes wie die Tuba jenes Tages"[753]. Astorre und Antiope entsteigen der Tiefe als "Gespenster"[754]: das Bild der Toten, die beim Ton der Tuben auferstehen zum Gericht, wird mit diesen Ausdrücken geweckt. Sie treten auch vor ein Gericht, und Antiope entdeckt

---

739 76/11−18
740 40/11f
741 60/18−21
742 82/3f
     83/34
743 88/30ff
744 57/19−22
745 77/10
746 25/11−17

747 94/11−14
748 41/24f
749 41/27f
750 42/1−8
751 53/10−15
752 67/31f
753 77/9f
754 77/7f

"unter dem Lächeln und der Gnade Ezzelins sein wahres und ein sie verdammendes Urteil"[755]. Das Schicksal vollstreckt das unausgesprochene Urteil Ezzelins, wie er es vorausgesehen hat[756]. Obwohl auch diese Bilder christliches Glaubensgut säkularisieren, bleibt der Sinn gewahrt: sie geben dem Leben des Mönchs, und damit dem menschlichen Leben überhaupt, einen religiösen Charakter, es ist Bewährung vor einer göttlichen Instanz.

Was das Göttliche ist, und wie es sich äussert, davon hat Dante keine klare Vorstellung, ebensowenig vom Leben nach dem Tode. Diese Lücken werden ausgefüllt von den überlieferten Glaubensformen, die trotz ihrer Widersprüchlichkeit nebeneinander bestehen bleiben. Für das diesseitige Leben hat Dante die Formel der Menschlichkeit gefunden, die als letzter Wert Massstab und Ziel ist. Sie soll erreicht werden von der Basis der natürlichen Anlagen aus, die mit Hilfe der Vernunft entwickelt werden. Er verneint jedoch mit seiner Geschichte die menschliche Willensfreiheit, die Voraussetzung, sodass die Menschlichkeit zur Utopie wird. Dieser Riss zwischen Hoffnung und Glauben ist die Ursache seines melancholischen Ernstes, der von einer nihilistischen Verzweiflung nicht fern ist, wie der Umschlag vom Tragischen zur Farce an vielen Stellen seiner Erzählung beweist[757]. Dante ist auch im religiösen Bereich ein tief gefährdeter Mensch.

Der Dichter der "Göttlichen Komödie" als Erfinder einer unterhaltenden Abendgeschichte

Dante erzählt dem Hof eine Geschichte, die er für diesen Anlass erst gestaltet. Dieser Vorgang lässt sich weitgehend in allen seinen Phasen aus der Novelle erschliessen. Der Anfang der Gestaltung ist gegeben im Augenblick, da die Aufmerksamkeit des Dichters von etwas Besonderem gefangen genommen wird. Seine Phantasie braucht einen Anstoss von aussen. In diesem Fall ist es ein Grabstein, genauer eine Grabschrift: "Hic jacet monachus Astorre cum uxore Antiope. Sepeliebat Azzolinus[758]." Das Ende und damit der Keim der Geschichte ist hiedurch schon gegeben. Die Erwähnung Ezzelins gibt den zeitlichen Rahmen und der Fundort — das Franziskanerkloster in Padua[759] — den örtlichen, zusammen bilden sie den geschichtlichen Hintergrund.

755 89/25f
756 97/22–27
    83/4f
757 27/1–29/6
    60/4–62/14

75/4–77/3
80/23–81/2
93/12–95/2
758 11/29f
759 11/18f

Die Geschichte entspricht damit keiner der Kategorien, die Cangrande aufstellt: es ist keine "Sage des Volksmundes", es ist keine "wahre Geschichte ... nach Dokumenten", und es ist auch keine "Erfindung" Dantes[760], sondern etwas zwischendrin. Dante liess den Stein in die Bibliothek des Klosters versetzen, er betrachtet ihn demnach als ein Dokument[761]. In diesem Sinne ist seine Geschichte keine Erfindung, da sie einen geschichtlichen Kern besitzt. Andrerseits ist der geschichtliche Ausgangspunkt zu gering, um von einer wahren Geschichte zu reden.

Bedeutungsvoll ist an dieser Anregung, dass sie von einem Kunstwerk ausgeht, wenn es auch nahe bei der Gebrauchskunst ist. Man kann annehmen, dass Dante, der als Augenmensch und Ästhet gezeichnet wird, gerade von dieser Verbindung von Kunst und Wirklichkeit, von Geschichte, die bereits in die Sphäre der Kunst gehoben worden ist, sich angeregt fühlte.

"Vor Jahren"[762], sagt Dante, habe er den Stein gesehen. Zwischen dem Erzählen der Geschichte und der Anregung zu ihr liegt eine beträchtliche Zeitspanne, in der sie sich in ihren Hauptzügen mit einer gewissen Selbsttätigkeit auswächst, ohne viel Zutun des Dichters, denn er verwendet die unpersönliche Formulierung "das hat sich in meinem Geiste anders gestaltet". Sein Verhältnis zur Geschichte wird im Nachsatz deutlich: "und ist auch nach der Geschichte unwahrscheinlich[763]." Er kennt sich aus — er erwähnt auch eine Chronik als Quelle seines Ezzelinbildes[764] — aber das Geschichtliche spielt eine zweitrangige Rolle, es wird nur zur Stütze seiner Auslegung herangezogen. Es wird aus der Formulierung klar, dass ein gegensätzlicher Tatbestand an der Erzählung nichts ändern würde. Die Phantasie ist das Massgebende, die Geschichte nur Stoff, der frei verwendet wird.

Zur endgültigen Ausgestaltung der Erzählung braucht es wieder einen Anstoss, der hier die zufällige Aufforderung ist, die Gesellschaft mit einer Geschichte zu unterhalten. Das Thema ist gegeben: "Plötzlicher Berufs-wechsel", "mit gutem oder schlechtem oder lächerlichem Ausgange[765]." Dante besinnt sich und betrachtet die Gesellschaft, die er unterhalten soll, und es ist offenbar ihre Zusammensetzung, die ihn gerade an diesen Stoff denken lässt. Aus dem weiteren Verlauf wird deutlich, dass es der Fürst zwischen den beiden Frauen ist, was die Verbindung bewerkstelligte. Ausserdem hat Dante bereits in der "Divina Commedia" Ezzelin die Gestalt des Fürsten gegeben, die Verwendung der übrigen Zuhörer als Hauptgestalten der Erzählung ist also für Dante naheliegend[766].

760 11/12ff
761 11/23ff
762 11/18
763 12/3f

764 12/15
765 8/33f
766 12/18–27

Aus Dantes Umschreibung seines Themas geht hervor, was seine Phantasie aus der Grabschrift bereits entwickelt hat: ein Mönch, der "nicht aus eigenem Triebe, nicht aus erwachter Weltlust oder Weltkraft, nicht weil er sein Wesen verkannt hätte, sondern einem andern zuliebe, unter dem Druck eines fremden Willens, wenn auch vielleicht aus heiligen Gründen der Pietät, untreu an sich wird, sich selbst mehr noch als der Kirche gegebene Gelübde bricht und eine Kutte abwirft, die ihm auf dem Leibe sass und ihn nicht drückte"[767]. Die Gestalt des Mönchs ist damit gegeben und sie ist auch die einzige Hauptgestalt, die keine Entsprechung in der Hofgesellschaft hat. Gegeben ist auch der Anfang: der sterbende Vater und das erlöschende Geschlecht. Das Ende ist schon in der Anregung enthalten, und so braucht es nur noch das Mittelstück, das sich in Dante offenbar kristallisiert bei der Betrachtung der Gesellschaft, besonders der beiden Frauen um Cangrande. Die Verwicklungen, die sich aus der Rivalität zweier Frauen ergeben zeigen ihm den Weg vom Sprung aus dem Kloster zum notwendigen Untergang.

Dass die Geschichte im Erzählen erst ihre Gestaltung erfährt, geht hervor aus der Stelle, wo Dante Stirn und Augen mit der Hand verschattet, "den weitern Gang seiner Fabel übersinnend"[768]. Sie zeigt zugleich, dass er die grossen Züge in der Abgeschlossenheit ausarbeitet, ungestört von äusseren Eindrücken, während er in der Gestaltung der Einzelzüge von der unmittelbaren Anschauung und bewussten Beobachtung ausgeht: sein Blick verweilt auf den beiden Jünglingen Ascanio und Germano[769], die gleich darauf neu in die Geschichte eingeführt werden. Noch deutlicher wird diese Umsetzung von Beobachtung der Wirklichkeit in gestaltete Kunst, wo er "mitten im Sprechen" unter den Zuhörern den vornehmen Kleriker sucht, den er gerade als "unselige Kreatur" und "verlorenen Mönch" schildert[770]. Auch die Entrüstung des Hofmeisters benützt er sofort[771]. Man muss sich vorstellen, dass er, während er erzählt, seine Umgebung ununterbrochen beobachtet und seine Beobachtungen zu gegebener Zeit in der Erzählung verwendet, ja dass er sogar von ihnen bestimmt wird, den Gang der Erzählung so und nicht anders zu führen: die wachsende Anteilnahme der Fürstin, die sich bis zur Erregung steigert[772], legt die Vermutung nahe, dass sie Dante auf die Idee des gewalttätigen Schlags brachte[773]. Denn auch die Verwendung des Klerikers als heruntergekommener Mönch geht aus früheren Beobachtungen hervor: dem Tändeln mit einem kostbaren Kreuz[774] und den zweiflerischen Einwürfen gegen das Mönchtum[775].

767 9/26−33
768 31/30ff
    56/18f
769 32/11−13
770 19/1−5
771 45/5ff

772 siehe 784−789
773 62/1−7
774 10/16−19
775 10/8 30
    11/1

Die dauernde Beobachtung, ihre Verwertung und das Erzählen selbst erfordern eine hohe Konzentration. Dante widmet sich fast ausschliesslich der Entwicklung seiner Geschichte. Jede Unterbrechung ist ihm widerwärtig, was aus seinen Reaktionen und seiner Wortkargheit abgelesen werden kann: den Erzähler eines Schwankes bringt er mit einem Stirnrunzeln zum Schweigen[776], die Verbesserung der Fürstin übernimmt er ohne Kommentar[777], und auf Cangrandes höfliches "Darf ich unterbrechen?" — erst noch in einer natürlichen Pause — erwidert er grob: "Du bist der Herr[778]." Etwas gesprächiger und umgänglicher ist er nach der Unterbrechung durch die Freundin des Fürsten[779], aber danach verbittet er sich jede weitere Unterbrechung[780].

Er verschliesst sich einer zweiseitigen Auseinandersetzung mit seiner Umwelt, sie interessiert ihn nur als Stoff und als Zuhörerkreis, mit andern Worten: sie interessiert ihn nur vom ästhetischen Standpunkt aus. Sie ist der Boden, aus dem er sich in die Sphäre der Kunst erhebt. Die Abgeschlossenheit kann so weit gehen, dass seine Sinne überhaupt keine Verbindung haben mit der Aussenwelt: erst wie er das Haupt wieder hebt, gewahrt er den Elsässer und hört seine barbarische Aussprache[781]. Auch für andere ist seine Abgeschlossenheit spürbar, was aus der Bemerkung "da rief ihn Cangrande"[782] hervorgeht. Seine eigenen Worte: "Ich streiche die Narren Ezzelins", seine griffelhaltende Gebärde verraten seine innere Einsamkeit[783]; er kommt auch in Gesellschaft nicht von der seelischen Haltung des einsam Schreibenden los. Die hochbewusste Beobachtung der Umwelt einerseits und die starke Abschliessung von ihr andererseits sind die Grenzlage, aus der das Kunstwerk der Erzählung wächst.

Dieses Kunstwerk bedeutet eine zweite, ungreifbare Wirklichkeit, welche die sinnlich erfassbare überlagert. Während der Dauer der Erzählung wird die gewöhnliche Welt aus dem Bewusstsein der Zuhörer verdrängt, sie leben und empfinden in der Welt der Erzählung, ja diese übertrifft die andere an Intensität bei weitem.

Dies wird besonders an der Fürstin gezeigt, die anfangs noch teilnahmslos und "scheinbar gefühllos" im Hintergrund sitzt[784]. Sie mischt sich erst ins Gespräch, wie Dante den Grabstein erwähnt: die Inschrift interessiert sie[785]. Wie Dante ankündigt, er werde seine Gestalten aus seinem Zuhörerkreis nehmen, beginnt ihre Gleichgültigkeit zu weichen[786]. Etwas später, wie ihr

776 25/17
777 35/21
778 43/22—24
779 63/11—65/16
780 65/15f
781 32/8—11

782 56/19f
783 35/4ff
784 8/1f
785 11/26f
786 12/29f

Spiegelbild bereits zur Braut des Mönchs geworden ist, hat sie sich belebt und ihre marmorne Wange ist leicht gerötet[787]. Später ist sie so aufmerksam geworden, dass sie einen kleinen Fehler – Dante sagt "Pinie" statt "Zeder" – verbessert[788]. Und endlich, nachdem der Mönch seine erste Braut wegen einer Nebenbuhlerin verraten hat, unberbricht sie ihre Rivalin "in tiefer Bewegung und mit dunkel glühender Wange", ja die vorher in steinerner Ruhe Dagesessene hebt den Arm, ballt die Faust und führt einen Schlag in die Luft[789]. Wie sehr sie die Geschichte als Wirklichkeit empfindet, geht schon aus ihrer Verbesserung hervor: das kleine Versehen Dantes stört sie, weil es die Illusion durchbricht. Noch deutlicher zeigt sich ihre Haltung in der Bemerkung: "Hast du nicht gemerkt, Dante, dass Antiope eine Verschmitzte ist? Du kennst die Weiber wenig[790]!" Dass Dante die Nebenbuhlerin gestaltet hat, ist ihr vollkommen entfallen, die Figur ist für sie so wirklich, so unabhängig von Phantasie und Gestaltung, dass sie glauben kann, Dante habe diesen Frauencharakter nicht erkannt.

Auch ihre Rivalin ist von der Erzählung gefangen genommen. Sie nimmt Dante den Satz aus dem Mund, den sie schon lange erwartet hat: der Mönch liebt Antiope. Ihr krampfhaftes Gelächter beweist, wie sehr sie persönlich angesprochen ist[791]. Aber auch die übrigen Zuhörer zeigen mit ihren Ausrufen, dass sie von der Wirklichkeit der Erzählung erfasst sind: "Natürlich!" – "Wie anders?" – "Es musste so kommen!" – "So geht es gewöhnlich!"[792]. Sie alle verhindert die Illusion der poetischen Wirklichkeit, ihre Gegenbilder bewusst auf sich zurückzubeziehen. Die Einzigen, die nicht vergessen, dass es sich um Erdichtetes handelt, und die darum in ihren Gegenbildern sich selbst sehen, sind Cangrande, der Narr und der Haushofmeister. Burcardo ist ein zu nüchterner Pedant, als dass er in einer Dichtung mehr als eine Unterhaltung sehen könnte, infolgedessen sticht ihm die Ähnlichkeit zwischen seiner Person und dem Haushofmeister der Erzählung ohne poetische Verhüllung in die Augen[793]. Der Narr steht wie Dante in einem besonderen Verhältnis zur Wirklichkeit, auch er ist gewohnt, sie als Material zu nehmen, die Illusion hat deshalb auch auf ihn keine Wirkung: er grinst den Dichter an, ihm damit zeigend, dass er verstanden hat, aber sich nichts daraus macht[794]. Cangrande endlich ist selbst eine souveräne Persönlichkeit, die von der Illusion unbeirrt die Erzählung als Werk des Dichters sieht und eine kritische Haltung bewahrt. Seine Fragen nach der Herkunft des Stoffes verraten einen Kenner der Dichtung[795], ebenso sein Interesse für das Urbild

787 32/14f
788 35/19f
789 64/7f 13f 16f
790 64/11f
791 63/11f

792 63/15ff
793 44/30–34
794 35/10f
795 11/12f

der Ezzelingestalt in der "Divina Commedia"[796]. Seine Kritik[797] an Dante und seiner Dichtung beweist, dass er den Zusammenhang zwischen Dichtung und Persönlichkeit des Dichters nie aus den Augen verliert.

Dante selbst gestaltet die Erzählung bewusst als Wirklichkeit. Wo er kann, benutzt er die geschichtliche Überlieferung, um ihr einen glaubwürdigen Rahmen zu geben, so die berühmte Bulle gegen Friedrich II.[798], Ezzelins Beziehungen zum Kaiser[799], das geschichtliche Stadtbild[800] und anderes. Darüber hinaus sucht er ihr mehr historische Grundlagen zu geben, als sie wirklich hat und flicht Bemerkungen ein, die den Eindruck erwecken sollen, als hätte er sie als wahre Geschichte irgendwo gehört: "ein Genuese, wenn ich recht berichtet bin"[801], "Das übrige vergass ich"[802]. Auch sonst behandelt er sie als wirklich Geschehenes: "Ich glaube, dass dieser Barfüsser hier und gerade zu dieser Stunde durch göttliche Schickung knien und beten musste, um Astorre zum letzten Male zu erschrecken und zu warnen[803]." − "Was sie sah, bleibt ungewiss. Nach der Meinung des Volkes hätte Astorre den Barfüsser mit gezogenem Schwerte bedroht und vergewaltigt. Das ist unmöglich, denn der Mann Astorre hat niemals den Leib mit einem Schwerte gegürtet. Der Wahrheit näher mag es kommen . . .[804]" − "Ich vermute, dass er seinen Beinamen . . . gewissen ärztlichen Manieren verdankte"[805] − "Später, da der Tyrann eine Lust daran fand, menschliche Leiber zu martern, . . . verliess ihn Abu Mohammed . . ."[806]. Wie in der Wirklichkeit, in der nur die Handlungen, nicht ihre Motive gewiss sind, lässt Dante oft die Motivierung offen und begnügt sich damit, einige Möglichkeiten anzudeuten[807]. Einmal lehnt er sogar eine Stellungnahme ab: "Ich entscheide nicht[808]."

Neben diese Darstellung der Erzählung als historische Vergangenheit tritt eine andere, als im Augenblick des Erzählens sich Ereignendes: "Horch, sie sprechen miteinander[809]!" − ". . . und horch! es läutete Ave[810]." − "Welcher Mund den andern suchte, weiss ich nicht, denn die Kammer war völlig finster geworden[811]." Manchmal geht Dante unmittelbar von der einen Darstellungsweise in die andere über: "Ich weiss nicht, ob der Mönch so wohlgestaltet war, wie der Spötter Ascanio ihn genannt hatte. Aber ich sehe ihn, der wie der blühendste Jüngling schreitet[812]." − "Was sie sah, bleibt ungewiss . . . dass

796 12/21
797 43/22−44/16
    56/19−57/11
798 33/13−17
    41/2−35
799 41/14−18
800 32/18−24
801 51/21f
802 60/33
803 75/19ff
804 75/35−76/4

805 77/31−34
806 78/5−8
807 49/1−6
    48/23-26
    25/30
    79/32-35
808 96/24
809 65/14f
810 70/21
811 74/8f
812 65/27-32

das schwere Gewölbe eine hässliche Szene verbarg — solches lese ich in dem verzerrten und entsetzten Gesichte der Lauscherin[813]."

Am Anfang der Erzählung überwiegt die Anlehnung an das Historische, hört dann langsam auf und macht gegen das Ende der visionären Gestaltung Platz, die anfangs nicht so deutlich hervortrat. Die Stellen, an denen das eine in das andere übergeht, markieren den Wendepunkt. Er fällt ungefähr zusammen mit dem Ende des Gesprächs, und dies weist darauf hin, dass Dante anfangs noch dem Bedürfnis der Zuhörer nach Illusion Rechnung trägt, mit der Zeit aber immer mehr von der Gestaltung gefangen genommen wird und unmerklich in seine ihm eigene visionäre Darstellungsweise gerät. Diese braucht das Mittel der Illusion nicht, denn sie stellt die Dichtung als eine zweite Wirklichkeit neben und über die reale.

Dantes Auffassung der Dichtung hängt eng zusammen mit seiner Forderung nach Wahrheit: "Es schleppt sich hier im Hause ein modisches Märenbuch herum. Darin mit vorsichtigen Fingern blätternd, habe ich unter vielem Wuste ein wahres Wort gefunden[814]." Echte Dichtung muss wahr sein, sonst ist sie "Wust", wertloses Geschreibe. Was Dante unter "wahr" versteht geht aus einer andern Stelle hervor: "Ich streiche die Narren Ezzelins. . . . Der Zug ist unwahr, oder dann log Ascanio. Es ist durchaus undenkbar, dass ein so ernster und ursprünglich edler Geist wie Ezzelin Narren gefüttert und sich an ihrem Blödsinn ergötzt habe[815]." Wahrheit ist die innere Übereinstimmung zwischen Dichtung und Wirklichkeit, Dichtung muss unter den Gesetzen der Wirklichkeit stehen. Äusserlichkeiten spielen dabei keine Rolle, weshalb sich Dante auch nicht an geschichtliche Tatbestände gebunden fühlt. Es geht ihm um die geistig-seelischen Wirklichkeiten, sie müssen in der Dichtung unverfälscht wiedergegeben werden.

Dantes Wahrheitsliebe ist jedoch nicht vollkommen: er wird von Cangrande entlarvt als ein Zweideutiger, der in seiner Dichtung nicht seiner Überzeugung Ausdruck gibt[816]. Und doch ist er als Dichter der Wahrheit gefolgt, denn die Gründe die er angibt, zeigen durch ihre Fadenscheinigkeit, dass sie Scheingründe sind. Die Fragen Cangrandes versetzen ihn in die peinlichste Verlegenheit, er versucht zuerst, sich mit einem "non liquet" der Untersuchung zu entziehen und gibt erst nach Cangrandes zweiter Frage zu, dass er anders denkt als er dichtet. Aus seinen gewundenen Rechtfertigungen wird ersichtlich, dass er sich diese Unstimmigkeit im Grunde nicht erklären kann. Ihre Aufdeckung beunruhigt ihn offenbar, denn gegen das Ende der Erzählung kommt er darauf zurück: "Cangrande, du hast mich der Unge-

813 75/35-76/11   815 35/4-9
814 63/23ff   816 43/22-44/16

rechtigkeit bezichtigt[817]." Diese Beunruhigung zeigt indirekt, dass der Dichter in Dante der Wahrheit näher ist, denn sie entsteht nur, wenn eine für die Persönlichkeit wichtige Überzeugung in Gefahr ist, ihre Glaubwürdigkeit zu verlieren. Die Übereinstimmung der beiden Dichtungen zeigt die Stärke der unbewussten Einsicht: in der "Divina Commedia" verdammt er Friedrich II. als Gotteslästerer, in der "Hochzeit des Mönchs", die als niedere Dichtung seinem Bewusstsein näher steht, wird die Lästerung mit einem vagen "gesagt oder nicht" bezweifelt[818], während der Scherz über das Abendmahl als authentisch hingestellt wird[819]. Die Schlussfolgerung kann nur sein, dass Dante im bewussten Denken von seinen Bedürfnissen als menschliche Persönlichkeit abhängt, in diesem Fall vom Verlangen nach der Verkörperung seines Ideals, während er im Dichten, das er selbst als etwas Unpersönliches empfindet, von solchen Bindungen freier und damit der unverfärbten Wahrheit näher ist, die er als sensibler Mensch intuitiv erspürt.

Die Forderung nach Wahrheit scheint die einzige zu sein, die Dante an die Dichtung stellt. Schönheit wird nirgends ausdrücklich gefordert. Und doch lebt er so offensichtlich aus der Wertschätzung der Schönheit, dass er in Gefahr ist sie zu überschätzen und zum Massstab aller Dinge zu machen. Die Behauptung, er lasse das Schöne dicht an sich vorübergehen ohne es zu begrüssen, lässt ihn aufhorchen, als habe er etwas Lebenswichtiges versäumt; aber die Kenntnisnahme der Umstände beruhigt ihn. Seine Antwort ist lapidar: "Die Woge war schöner als das Mädchen[820]." Hier liegt der Punkt, an dem dieses Schönheitsgefühl zur Versündigung wird: der Mensch wird missachtet zugunsten eines für schöner gehaltenen Elementaren. Die Grausamkeit Dantes, die aus dem Spiel mit seinen Zuhörern hervortrat, findet hier ihre Erklärung: er legt einen Massstab an den Menschen, der ihm nicht angemessen ist. Sein Schönheitsgefühl hat eine Spitze gegen das Menschliche.

Dantes Schönheitssinn hat nicht nur etwas Unmenschliches, er hat auch etwas Widergöttliches. Aber während ihm das erste offenbar nicht ins Bewusstsein kommt, spürt er, dass er sich mit Vergleichen aus der religiösen Sphäre berechtigter Kritik aussetzt: "Wer widersteht dem Anblicke des Schönen, wenn es ungerecht leidet? Ich lästere nicht und kenne die Unterschiede, aber auch das Göttliche wurde geschlagen und wir küssen seine Striemen und Wunden[821]." Aber seine Beteuerung "ich lästere nicht und kenne die Unterschiede" ist nicht mehr als ein Lippenbekenntnis, denn die vorhergehende Beschreibung Antiopes, die unmissverständlich einem Christusbild mit Glorie und Dornenkranz nachgebildet ist, beweist eben doch, dass er das Schöne dem Göttlichen gleichsetzt, und damit das Absolute relativiert.

817 96/23f
818 41/24-28
819 41/29-42/8

820 65/2-13
821 71/15-18 24-28

Das dritte Kennzeichen von Dantes Dichtung ist ihre Tragik. Er hält an der Forderung nach sittlichem Betragen fest: "Ich glaube, dass dieser Barfüsser hier und gerade zu dieser Stunde durch göttliche Schickung knieen und beten musste, um Astorre zum letzten Male zu erschrecken und zu warnen." – und zeigt gleichzeitig, dass der Mensch nicht frei handeln kann: "Doch in seinen lodernden Adern wurde die Arznei zum Gifte[822]." Seine Erzählung ist ein einziger Beweis, dass der Mensch trotz, ja wegen guter Anlagen und guten Willens ins Verderben gestossen wird. Astorre wird als guter Mönch eingeführt, er ist Vorbild und Trost für eine ganze Stadt[823]. Äussere Umstände, auf die er keinen Einfluss hat, lösen seinen Untergang aus. Nur an wenigen Punkten ist seine Entscheidung massgebend, und gerade dann wird sichtbar, dass sie nicht in Freiheit gefällt wird. Die erste betrifft seine Verweltlichung[824], die zweite die Einladung der beiden Canossa zur Vermählung[825], und bei beiden wird ihm gerade diejenige Eigenschaft zum Verhängnis, die ihn zum vorbildlichen Mönch werden liess: seine Barmherzigkeit. Sein Leben in der Welt ist eine lückenlose Kette von Zwangshandlungen. Dante lässt auch keinen Zweifel, wie es gemeint ist: ". . . das Verhängnis schritt rascher, als mein Mund es erzählte[826]." Der Tenor der Erzählung wird von Ezzelin angeschlagen: "Schicksal[827]." Der Mensch muss ein vorbestimmtes Schicksal vollziehen und sich doch dafür verantworten. Dante glaubt an das Gute im Menschen und ist gleichzeitig überzeugt von der Hilflosigkeit dieses guten Willens gegen ein dämonisches Schicksal.

Dante ist ein tief tragischer Mensch, und als solcher muss er tragisch gestalten, ja er sieht schon tragisch: die Situation der beiden Frauen um Cangrande, die von den Beteiligten selbst wie von den übrigen mit guter Lebensart hingenommen wird, fällt ihm als unerträglich in die Augen. Mit seiner Unbedingtheit schaltet er alles Dämpfende des alltäglichen Lebens aus und nimmt den tragischen Kern, der denn auch zum tragischen Ende führt.

Dass er die Wahrheit getroffen hat, wird aus dem Verhalten der beiden Frauen deutlich, deren Gefühle durch die Darstellung und Entwicklung ihres gefährlichen Verhältnisses gesteigert werden. Aber sie werden gerade dadurch auch gelöst, ihre Spannung entlädt sich am Gegenbild der Dichtung. Durch das Medium der tragischen Gestaltung wird das Gleichgewicht, die sittliche Ordnung wiederhergestellt: die Fürstin kann ihrer verhaltenen Entrüstung Luft schaffen und die Geliebte wird in ihrer falschen Sicherheit erschüttert;

822 75/19-22
823 16/12-22
    26/5-21
824 27/33-28/24
825 46/30-35
    47/5-7 29-32

    48/18-49/27
826 62/16
827 20/13
    82/7ff
83/3

Cangrande selbst erkennt den Wert seiner Gattin[828]. So ist die Dichtung doch mit dem Leben verbunden in einer geradezu religiösen Funktion: sie hat den Charakter der Reinigung.

Dante erweist sich also auch in dieser Erzählung, die nur zur Abendunterhaltung bestimmt ist, als der sittlich-religiöse Dichter, als der er aus der "Divina Commedia" bekannt ist. Dante als Höllendichter wird in der Novelle nie ganz aus den Augen gelassen. Wie ein roter Faden durchzieht dieser Aspekt des Dichters die Novelle, was ganz augenfällig in seiner Beziehung zum Feuer dargestellt wird: schon auf der ersten Seite wird seine Gewohnheit erwähnt, stumm in die Flamme zu blicken[829], in der Mitte sitzt er am Herd, vom Feuer glühend beschienen[830], und am Ende steigt er eine fackelhelle Treppe empor[831]. Dauernd wird auf sein Hauptwerk, die "Göttliche Komödie", Bezug genommen, besonders von Cangrande[832], aber auch der Edelknabe[833] und Dante selbst[834] spielen darauf an. Dadurch entsteht der Eindruck eines bedeutenden Lebenswerkes, das die Tage des Dichters ausfüllt, was an der beiläufigen Bemerkung Cangrandes abgelesen werden kann[835], ja er ist offenbar besorgt, sein Leben werde zur Vollendung seiner Dichtung nicht ausreichen: er fühlt seine Tage ihm entschlüpfen[836].

Der hohen Kunst dieser Dichtung wird das Erzählen einer Geschichte gegenübergestellt als etwas Niederes, des Dichters beinahe Unwürdiges: "Hier wird erzählt, und die Hand, welche heute Terzinen geschmiedet hat ... darf es heute nicht verweigern, das Spielzeug eines kurzweiligen Geschichtchens, ohne es zu zerbrechen, zwischen ihre Finger zu nehmen[837]." — "Verschmähe es nicht, du Homer und Virgil Italiens, ... dich in unser harmloses Spiel zu mischen. Lass dich zu uns herab und erzähle, Meister, statt zu singen[838]." Cangrandes Scherzen "Beurlaube die Göttinnen ... und vergnüge dich mit diesen schönen Sterblichen"[839] weist darauf hin, dass Geschichten erzählen eigentlich nicht zur Kunst gehört, sondern Spiel ist. So fasst es auch Dante auf, er nimmt Cangrandes Scherz wörtlich und amüsiert sich auf seine Weise mit den beiden Frauen[840]. Er nennt die Geschichte "Fabel"[841] und "Märchen"[842], ein weiterer Hinweis, dass es sich nicht um ernstzunehmende Kunst handelt.

828 64/18-24
829 7/26f
830 57/35-58/1
831 98/7ff
832 7/28
    12/20
    43/30f
    44/8f
    56/26-30
833 65/10f

834 71/5ff
835 7/29f
836 57/19-22
837 7/27-33
838 8/28f
839 7/33ff
840 64/25-27
841 12/14
842 65/16

Während die Arbeit an der hohen Kunst als etwas Schweres erscheint — es wird dafür die Metapher des Schmiedens gebraucht — schüttelt Dante die Erzählung gleichsam aus dem Ärmel. Auf Verlangen hat er einen Stoff bereit, der ihn beiläufig beschäftigt hat, und kann ihn auch gleich während des Erzählens ausgestalten. Zwei Pausen genügen ihm, die Geschichte zu überblicken und den Faden weiterzuspinnen[843]. Eine reiche Phantasie bietet ihm das Material, er braucht nur auszuwählen[844]. Wie souverän er über seinen Stoff verfügt zeigt die Stelle, wo er das Selbstgespräch Astorres überspringen will, aber es auf die Bitten der beiden Frauen ohne Zögern ausführt, und es entpuppt sich überdies als ein Zwiegespräch mit dem Narren, sodass er innerhalb der wenigen Minuten, die über der Unterbrechung verstrichen sind, seinen Plan geändert hat[845]. Sein Gedächtnis ist erstaunlich, er überblickt offenbar die verwickelte und weitläufige Geschichte mühelos, denn er macht nur einen einzigen Fehler (Pinie statt Zeder)[846], und nur zweimal hat er etwas vergessen[847] und muss es nachtragen. Doch diese Entgleisungen sind entschuldigt durch vorhergegangene Unterbrechungen, die seine Konzentration gestört haben. Sonst erzählt er trotz den Störungen[848] zusammenhängend und zusammenstimmend.

Dante ergreift die Gelegenheit, der leichtfertigen Hofgesellschaft einen Spiegel vorzuhalten und sie an ethisch-religiöse Werte zu erinnern. In den "sinnlichen und mutwilligen Kreis"[849] wirft er bewusst das Memento Mori: während die andern Erzähler ein gutes Ende vorzogen[850], wählt er schon zum Ausgangspunkt eine Grabschrift; auf Cangrandes leicht hingeworfene Frage nach der Herkunft des Stoffes antwortet er "langsam betonend": "Ich entwickle meine Geschichte aus einer Grabschrift", und die fragende Wiederholung der letzten Wörter zeigt an, dass sie ihre Wirkung nicht verfehlt haben[851]. Auch die Fürstin wird aufmerksam, und die Ankündigung, die Anwesenden als Gestalten der Erzählung zu verwenden, sichert ihm das Interesse aller[852].

Cangrande setzt er in Ezzelin ein warnendes Beispiel, was aus einem ursprünglich edlen Geist werden kann, wenn er seine Herrschsucht nicht bezähmt. Denn obwohl der Fürst sich im engsten Kreise zurückhält, wird

843 31/30-32
    56/18-20
844 56/18f
845 63/28-34
    65/27ff
846 35/16-21
    32/25
847 45/10f
    65/19-26
848 25/11-17

    31/34-32/16
    35/3-21
    43/22-44/21
    56/19-58/4
    63/9-65/18
849 7/17
850 9/9ff 14-23
851 11/15ff
852 12/24-33

angedeutet, dass "ein freies oder nur unvorsichtiges Wort über den Herrscher, seine Person oder seine Politik, verderben konnte"[853]. Auch seine Begeisterung für Ezzelin und dessen Herrschernatur, obwohl er das Rauhe und Gewaltsame an ihr zugibt[854], lässt ahnen, dass er selbst die Persönlichkeit der andern nicht immer schont. Es dürfte auch kein Zufall sein, dass Dante so häufig die Bezeichnung "Tyrann" für Ezzelin verwendet.

Der Fürstin Diana hält er ihre Ehrsucht und ihren Stolz vor. Ihre anfängliche Zurückhaltung erweist sich später als Ausdruck ihres Grolls über die Verdrängung durch eine, wie ihr scheint, minderwertige Frau[855]. In ihrem Stolz denkt sie nicht daran, für Dante von ihrem Platz zu rücken[856]. In der Erzählung lässt Dante sie sagen: "Ich bin jähzornig, wenn man mir Recht oder Ehre antastet"[857], und durch Ezzelin richtet er sie: "Diana schilt und schlägt. Denn Diana ist jähzornig und unvernünftig, wenn sie sich in ihrem Rechte gekränkt glaubt. ... Das ist es auch, ... warum Astorre sein Herz von ihr abgekehrt hat: er erblickte eine Barbarin."[858] Dante führt der Fürstin vor Augen, dass sich ein Mann zu Recht von ihr abwendet, da sie kalt ist und sich nur für ihre Ehre erwärmt.

Aber auch die Freundin des Fürsten kommt nicht ganz ohne Tadel weg. Dante ist ihr offenbar geneigter als der Fürstin: "Antiope vergriff sich an fremdem Eigentum und beging Raub an Dianen fast in Unschuld, denn sie hatte weder Gewissen mehr noch auch nur Selbstbewusstsein. ... alles war vernichtet: nichts als der Abgrund des Himmels, und dieser gefüllt mit Licht und Liebe[859]." Trotzdem verurteilt Dante sie und ihre unbedingte Liebe: "Die am Altare Frevelnde hatte mit einer schuldlosen Seele auch die natürliche Beherztheit eingebüsst[860]." Antiope verliert immer mehr ihre Demut und das Bewusstsein ihrer Schuld, obwohl sie "unter dem Lächeln und der Gnade Ezzelins sein wahres und ein sie verdammendes Urteil" entdeckt[861]. Sie wird frevelmütig[862] und findet deswegen ihren Untergang. Dante erinnert die Freundin des Fürsten an ihr Vergehen gegen die rechtmässige Gattin und warnt sie vor Überheblichkeit.

Germano, den er mit Wohlgefallen betrachtet, warnt er vor der Übersteigerung seiner kriegerischen Tugenden. Treue und Gehorsam dürfen nicht kritiklos geleistet werden, sie sind kein absoluter Wert, höher steht die sittliche Verantwortung. Während Ascanio sich weigert, einen gefährlichen Satz hinzuschreiben, führt Germano ohne Zögern den Befehl aus: "Dienstsache", bemerkt er trocken[863]. In der wachsenden Grausamkeit Ezzelins, die

853 10/13ff
854 12/8-12 18f
855 64/8-16
856 8/1f
857 29/32f
858 86/23-28

859 72/3-8
860 78/30ff
861 89/22-90/9
862 96/14-32
863 42/26-33

Ascanio mit Besorgnis und Trauer verfolgt, sieht er nur Gerechtigkeit[864]. Schon bei der ersten Nennung seines Namens erwähnt Dante seine Treue zum Herrscher, aber er sagt nicht so, sondern "blinde Anhänglichkeit ... an den Tyrannen"[865], seinen Tadel in der Wortwahl zum Ausdruck bringend.

Dem Kleriker gibt Dante in seiner Geschichte die Antwort auf die Frage: "Gibt es aber nicht mehr schlechte Mönche als gute[866]?" Er führt ihm den guten Mönch Astorre vor, der selbst im Sündigen noch edel bleibt: "Das Gemeine konnte den Mönch nicht berühren[867]." Im Gegensatz dazu stellt er in Serapion einen schlechten Mönch dar, und indem er für diesen die Gestalt des Klerikers nimmt[868], gibt er ihm zu verstehen, dass er selbst zur Kategorie der schlechten Geistlichen gehört, und darum die schlechten in der Mehrzahl sieht.

An Isotta rügt er die kecke Unbesonnenheit[869]. Er stellt sie in der "leichtfertigen Zofe" Antiopes dar, die durch ihre verdrehte Darstellung der Ereignisse auf der Brücke der Mutter das blendende Märchen eingibt, der Mönch habe um Antiope geworben[870]. Eitel und dumm, nur Heirat und Liebe im Kopfe habend, das ist das Bild, das Dante Isotta entgegenhält.

Wie Germano zeigt Dante Burcardo, wohin pedantischer Gehorsam führt. Statt dem verständigen Rat Ascanios zu folgen, gehorcht sein Spiegelbild Astorre, weil er sich nur ihm verpflichtet glaubt[871]. Vernünftigen Überlegungen ist er völlig unzugänglich, er kennt nur Zeremonien und Gebräuche als oberstes Gesetz des Handelns[872].

Dem Narren zeigt Dante als Ebenbild einen gefrässigen Egoisten: eine Semmel kauend unterhält er Ascanio und Germano "nicht von dem tragischen Schicksale des Hauses, sondern nur von seinen eigenen Angelegenheiten, welche ihm als das weit Wichtigere" erscheinen[873]. Die Szenen bei der Vermählung lassen ihn unberührt: "Alles war köstlich verlaufen nach seiner Ansicht; denn er hatte jetzt die volle Freiheit, Amarellen zu naschen und ein Gläschen um das andere zu leeren[874]." Die Sehnsucht nach einem geistlichen Leben dürfte kaum dem wirklichen Narren entsprechen, eher hält Dante ihm eine versteckte Predigt: ". . . seine Haare ergrauen und es stünde ihm schlecht an, mit der läutenden Schellenkappe ins Jenseits zu gehen[875]." Er verdammt die für sein Alter unziemliche Existenz als Narr.

864 39/10-16
    40/11-22
865 17/6f
866 10/30
867 66/29
868 19/1ff
869 9/14-23
870 53/26-35

55/11 18-56/6
95/16-19
871 49/18-50/3
872 45/14-46/29
873 34/1-6
874 63/2ff
    31/20-23
875 31/15ff

Am besten kommt Ascanio weg. Dante nennt ihn wohl häufig leichtfertig[876] oder leichtsinnig[877], aber es ist eine liebenswürdige Schwäche, die niemandem schadet und eine heitere Note in die düstere Umgebung bringt. Er ist der einzige, der nicht nach Prinzipien, sondern der jeweiligen Situation gemäss zu handeln trachtet[878]. Er gehört zur lichten Welt Friedrichs II. und verkörpert ein Stück von Dantes Sehnsucht.

Ascanio und Germano sind die Günstlinge Ezzelins, und da sie beide in der Geschichte liebenswert dargestellt sind, ist anzunehmen, dass sie auch Dantes Lieblinge sind, umso mehr, als sein Blick "mit sichtlichem Wohlgefallen" auf ihnen verweilt[879]. Dies verrät, dass Dante in Ezzelin weniger Cangrande darstellt, sondern — bewusst oder unbewusst — sich selbst. Der richtende Ernst[880], der an Ezzelin auffällt, seine unbarmherzige Sittenstrenge[881] sind Dantes Eigenschaften, sie sind Cangrandes Natur diametral entgegengesetzt. Die Eigenheiten, die mit Cangrande übereinstimmen — Glaube an die Astrologie[882], gleiches Aussehen[883] — fallen den Verschiedenheiten gegenüber nicht ins Gewicht. Sogar das Alter scheint demjenigen Dantes zu entsprechen, denn von der Jugend Ezzelins wird geredet als etwas weit zurückliegendem[884]. Die Herrschsucht ist allen gemeinsam, und wenn Dante Ezzelins Tyrannei und beginnende Grausamkeit verurteilt, verdammt er im Grunde nicht nur Cangrande, sondern ebensosehr sich selbst.

Von hier aus wird deutlich, dass Dante die Eigenschaften der Zuhörer übertrieben hat. Von Cangrande lässt sich nicht behaupten, er werde grausam, im Gegenteil, es wird ihm grosse Gesinnung nachgerühmt. Er belustigt sich nicht über die Erregung der beiden Frauen wie Dante, sondern bewundert seine Fürstin und freut sich ihrer grossen Leidenschaft: er nimmt gefühlsmässigen Anteil am Geschehen[885]. Sein ganzes Verhalten während dieses Abends ist vornehme und wohlwollende Zurückhaltung. Nicht er beherrscht die Szene, sondern Dante, es kann also auch seine Herrschsucht nicht so deutlich ausgeprägt sein, wie Dante sie darstellt. Er wird auch nie als Tyrann bezeichnet, sondern als Fürst[886], Gebieter[887], Herrscher[888], und seine Machtausübung beschränkt sich offenbar auf das Politische.

876 80/3
    82/19
877 38/33
    50/12
878 siehe 697
879 32/11
880 82/5-91/17
881 82/32-83/3
    82/7-18

882 7/29 39/27-40/3
883 12/18-22
884 83/14f
885 64/18-24
886 8/7
    11/27 usw.
887 7/11
888 7/8 10/14

Und so ist wohl auch der Jähzorn der Fürstin wie die Überheblichkeit der Freundin übertrieben, denn es braucht die Steigerung durch die Erzählung, damit sie überhaupt wahrnehmbar werden. Erst recht gilt dies für die ins Negative verzerrten Urbilder Serapions, Burcardos, Isottas, Gocciolas. Wenn man bei Cangrande, seiner Gattin und Freundin noch künstlerische Absichten für die Übertreibung verantwortlich machen kann, so ist dies bei den andern unmöglich. Hier lässt Dante seinem Widerwillen, ja Hass freien Lauf, er rächt sich auf das Niederträchtigste, er spielt selbst mit denen die ihm wohlwollen und schont nicht einmal seine Lieblinge ganz. Hohe ethische Ziele verquicken sich mit niedersten persönlichen Absichten auf eine unheimliche Weise.

So zeigt sich Dante als eine übersensible Persönlichkeit, die von allem auf das heftigste betroffen wird. Er trägt seine absoluten Massstäbe in eine bedingte Welt und stösst deshalb überall an. Unfähig, die Widerwärtigkeiten, die er zum Teil selbst hervorgerufen hat, zu ertragen, verfällt er in Bitterkeit und Melancholie. Nirgends sich einfügend zieht er sich in eine Einsamkeit zurück, die ihm doch als aufgezwungen erscheint[889].

Dante kann nicht in der Wirklichkeit leben, und so flüchtet er sich in die sekundäre Welt der Kunst, aus der er die lebendige Welt mit tragischem Blick beobachtet. Dante scheint nur durch die Augen mit der wirklichen Welt verbunden zu sein: seine Bewegungen sind langsam und spärlich[890], aber seine Augen sind überall[891]. In der Beobachtung zieht er das Wesentliche aus der Wirklichkeit und baut damit eine mathematisch reine zweite Wirklichkeit[892], die er als die wesentlichere der ursprünglichen gegenüberstellt.

Er macht aus der Kunst einen Ersatz für die Wirklichkeit, an der er keinen Teil hat. Sein unbefriedigt gebliebener Machthunger findet Erfüllung in der Dichtung: verdammend und rächend richtet er in der "Divina Commedia" die ganze Welt[893]. Es ist ihm deshalb ärgerlich, wenn Cangrande seine Erzählung weiterführt, umso mehr, als dieser den Fortgang zum Teil richtig erraten hat: er empfindet dies als Einbruch in seine Machtsphäre[894]; auch Kritik an seiner Dichtung stört ihn[895]. In der "Hochzeit des Mönchs" hat er das Mittel gefunden, seine Macht noch unmittelbarer auszuüben und auszukosten: die Erzählung wird zum raffinierten Spiel, die seelische Bewegung anderer hervorzurufen und zu geniessen, eine Art sublimen Machtrausches überkommt

889 56/26-30
890 7/17f
    9/35
    33/10
    31/30f
    32/8
    57/13ff
    98/8f
891 8/35

    10/16
    19/1f
    32/8-16
892 63/18-27
893 44/14ff
    56/26-30
894 44/16-21
895 44/16-21

ihn[896]. Die Erzählung ist ausserdem als Ganzes die Rache dafür, dass er gezwungen wurde, seine gewohnte Abgeschlossenheit zu verlassen und auf die Gewohnheiten der Gesellschaft einzugehen: in Ezzelin richtet er alle[897] und als Dichter gibt er fast allen ein schlimmes Ende[898].

Dem leichtlebigen Hof führt er eine echte Liebe vor: "Nein, so geht es nicht gewöhnlich. Meinet ihr denn, eine Liebe mit voller Hingabe des Lebens und der Seele sei etwas Alltägliches, und glaubt wohl gar, so geliebt zu haben oder zu lieben? Enttäuschet euch! ... 'Liebe ... ist selten und nimmt meistens ein schlimmes Ende'[899]." Aber auch hier scheint persönliche Bedingtheit durch, was sein Spott verrät: "Da ihr alle in der Liebe so ausgelernt und bewandert seid und es mir überdies nicht ansteht, einen von der Leidenschaft überwältigten Jüngling aus meinem zahnlosen Munde reden zu lassen ... [900]." Dante stellt an die Liebe so übertriebene Forderungen, weil er selbst nicht zur Liebe fähig ist. Er hat kein Verhältnis zur Frau als dem andern Geschlecht, auch weibliche Schönheit hat für ihn keine Anziehungskraft: er findet eine Woge schöner. Schon im Äusseren wird seine Zugehörigkeit zu einem Geschlecht verwischt durch das Tragen langer Gewänder[901], und sein Schattenprofil gleicht einem Riesenweibe[902]: er steht auch ausserhalb der Geschlechtsordnung.

Dante ist eine tief gefährdete Persönlichkeit, die nur in der Kunst und durch die Kunst lebensfähig ist.

Ariost

Sein Leben am Hof und seine Menschlichkeit

Ariost lebt am Hof der Este in Ferrarra als Günstling des Kardinals. Er setzt "Wert auf das Wohlwollen dieses gefürchteten Beschützers"[903], und so bemüht er sich in der Gesellschaft besonders um ihn, mehr als um die bezaubernde Herzogin[904]. Er ist ihm so ergeben, dass er ihn trotz seinem Verbrechen nicht verabscheut; er lässt sogar seinen Namen beim Opfer nie über die Lippen, um ihn nicht verfluchen zu hören[905]. Und doch bewahrt er seine persönliche Freiheit: er ist der einzige Höfling, der Don Giulio besucht[906].

896 35/14
    45/6ff
    64/25-27
897 85/3ff
898 96/26ff
899 63/18ff
900 63/28ff

901 7/18
902 8/21f
903 56/11f
904 25/24f
905 56/14ff
906 56/5f
    55/14

Der Dichter bewegt sich am Hof in einer Vorzugsstellung. Er besitzt nicht nur die Gunst des Kardinals, auch die Herzogin bringt ihm Wohlwollen entgegen: sie zieht ihn ins Gespräch[907] und hält ihn an ihrer Seite[908]. Selbst der Herzog ist ihm gutgesinnt[909]. Mit seinem Freund, dem persischen Teppichhändler, ist er im Mittelpunkt der höfischen Gesellschaft und unterhält sie[910]. Aber auch im Kreis der Höflinge bezeugt er seine Selbständigkeit: sie finden die Legende Ben Emins "befremdend, ja unanständig", sie hätten "eine Erzählung im Geschmacke des Boccaccio vorgezogen"[911]. Seine Freundschaft mit dem ernsten Perser zeigt, dass er mehr inneren Wert und auch mehr Unabhängigkeit von der höfischen Welt besitzt. Er scheint denn auch mit keinem aus dem Gefolge näheren Umgang zu haben. Offensichtlich sind auch seine Beziehungen zur herzoglichen Familie nur lose, er erscheint am Hofe und nimmt an der höfischen Geselligkeit teil, aber er pflegt keine engere Freundschaft mit den regierenden Mitgliedern. Er besucht den Kardinal trotz seiner Krankheit nicht, wohl aber Don Giulio, und nur dieser[912] und der Richter Strozzi[913] werden als seine Freunde bezeichnet.

Ariost fügt sich spielend in die höfische Welt ein. Er beherrscht den galanten Umgangston und ist weltmännisch gewandt in seinem Auftreten[914]. Selbst seine Gestalt passt in die Umgebung: "ein wohlgebildeter, mittelgrosser Mann"[915] mit "wohllautender Stimme"[916], "offener Stirn"[917], "lichtem Antlitz"[918] und "lustigen Augen"[919]. Er ist auch den Frauen nicht abgeneigt: er spricht bewundernd von den Ferrarresinnen[920], hatte die Mutter seines Freundes Strozzi "herzlich verehrt"[921] und heiratet schliesslich dessen Witwe[922].

Ariost ist dank seiner weltgewandten Geschmeidigkeit innerlich frei und ungebunden. Seine Beziehungen zum Hof sind oberflächlich und erschöpfen sich in den üblichen Redensarten und höfischen Umgangsformen, die ihm Gunst und Wohlwollen erhalten; daneben führt er sein eigenes, der Kunst gewidmetes Leben, er hat seine Freunde, denen er treu bleibt, auch wenn sie bei Hof in Ungnade gefallen sind. Seine höfische Ergebenheit hat nichts von sklavischem Kriechertum an sich, sie ist auch keine angenommene Maske, sondern er bejaht innerlich diese Ordnung der Dinge vollkommen.

907 25/26f
908 27/10f
909 49/24ff
910 26/26
    49/8ff
911 50/17ff
912 56/13
913 111/26
914 25ff

915 25/23
916 57/16
917 60/4
918 25/27
919 49/24
920 26/20
921 111/26ff
922 111/27ff

Ebenso problemlos ist sein Verhältnis zur Religion. Er bekennt keinen bestimmten Glauben, denn er spricht weder von Gott noch von Göttern. Er macht auch keinen Unterschied zwischen Christen und Heiden: Ben Emin ist für ihn nur aus einer "fremden Nation", und er belächelt nur "die Verschiedenheiten von Gebrauch und Sitte"[923], ohne die der Religion überhaupt zu erwähnen; ihm ist das allgemein Menschliche[924] die Hauptsache. Nicht dass er kein Göttliches kennte: er weiss von den "heiligen Tiefen" und von ihrer "einsamen Stille"[925]. Aber es ist eine "gestaltlose Tiefe"[926]: er belässt das Göttliche in seinem Geheimnis, ohne ihm nachzuforschen.

Ebenso leicht geht er über das Problem des Bösen hinweg. Er spricht nicht vom Verbrechen des Kardinals, sondern vom "Verhängnis", und klagt es als etwas Unpersönliches an[927]. Er kann sich "ohne Falsch in der Schwebe zwischen Schlächter und Opfer" halten und seinen Freund bedauern, "ohne seinen Gönner zu verabscheuen"[928], weil er den Menschen nicht eigentlich für seine Taten verantwortlich macht[929]. Wenn er trotzdem in seinem Gedicht mitunter die Nemesis walten lässt[930], so zeigt dies, dass er zwar an Schuld und Sühne glaubt, aber nicht im christlichen Sinn einer Verschuldung, einer Auflehnung gegen Gott und seine Gebote, sondern im antiken Sinne des Verfallenseins an ein Schicksal[929]. Die christliche Reue kennt er nicht aus eigener Erfahrung[931].

Dies ist wohl die Voraussetzung zu einer ungebrochenen Liebe zum Menschen, wie sie aus jedem seiner Worte, aber besonders aus den an die Herzogin gerichteten spricht: "Es ist eine ganz eigentümliche Lust, Erlauchteste, ... mit einem Manne aus einer fremden Nation umzugehen, die Verschiedenheiten von Gebrauch und Sitte zu belächeln und sich an dem lieben, allgemeinen Menschenantlitz zu erfreuen, das aus den grössten Unterschieden immer wieder sieghaft hervorbricht[932]." Seine Menschenliebe ist nicht nur theoretisch, sie äussert sich bei jeder Gelegenheit auch in seinem Verhalten: er ist der erste, der dem geblendeten Don Giulio beisteht[933], und später der einzige Höfling, der ihn auf seinem Landgut besucht, "um nach seiner Art den Blinden zu trösten und seine Seele zu erfreuen"[934].

Aber Ariosts Bemühungen bleiben ohne nachhaltige Wirkung[935], weil er sich vor den Tiefen der Seele scheut. Im Grunde beschränkt sich seine

923 26/11ff
924 26/13
925 59/31f
926 59/34f
927 57/8
928 56/12ff
929 57/8 14

930 59/19
931 59/25
932 26/10ff
933 53/33ff
934 56/9f
935 60/16ff

Philosophie auf den Lebensgenuss: er sucht das Angenehme und meidet das Unangenehme. So besucht er Don Giulio erst, nachdem seine Wunden geheilt und der erste Schock überwunden ist; vor seinem unheilbaren Elend hat ihm anfangs "unüberwindlich gegraut"[936]. Sein Trost für den Blinden besteht darin, ihm die noch möglichen Genüsse zuzuführen: edlen Wein, saftige Früchte, seine Poesie[937]. Er weint innerlich über die "Abwendung von der Freude", die er an ihm bemerkt, "obwohl er sie höchst erklärlich und würdig" findet[938].

Ariost ist ein Epikuräer mit einer leichten Neigung zur Stoa: "Er lobte die Mässigung des Empfindens wie im Glück also im Unglück, und meinte, es hänge alles von der Farbenbrechung der Seele ab; Glück könne schmerzen und Unglück — als Tragödie betrachtet — lasse sich geniessen. Ja, er behaupte, auch der Sinnlichste besitze eine geheime stoische Ader, und über den Geschicken zu stehen, gewähre eine göttliche Genugtuung[939]."

Der Dichter

Dem religiösen Erleben steht das künstlerische hindernd im Wege: ihm schaudert vor dem Verharren in der gestaltlosen Tiefe des Göttlichen. "Alles was er dachte und fühlte, was ihn erschreckte und ergriff, verwandelte sich durch das bildende Vermögen seines Geistes in Körper und Schauspiel und verlor dadurch die Härte und Kraft der Wirkung auf seine Seele[940]." Bei der Blendung Don Giulios beben alle Herzen und alle Pulse stocken, aber seine Spannung löst sich in der Erinnerung eines Sagenmotivs, er ist deshalb der erste, der zur Handlung fähig ist[941].

So bleibt er, selbst wenn er äusserlich beteiligt ist, innerlich der von nichts betroffene Zuschauer. Von keinen heftigen Gefühlen gestört, beobachtet er die Aussenwelt mit Schärfe und analysiert die Worte und Handlungen seiner Mitmenschen mit Genauigkeit. Er beobachtet die Vorgänge in der Seele des Geblendeten, wie er sich von seinem bisherigen, in wildem Genusse schwelgenden Leben abwendet und sich der Welt der Unglücklichen und Leidenden zuwendet. Er errät aus den Reaktionen auf seine Dichtung, dass sich in Don Giulio Selbstbesinnung und Reue zu regen beginnen[942].

Seine Beobachtungen und Erkenntnisse führen jedoch nicht zum Eingreifen ins Geschehen, nicht nur, weil er sich dazu nicht berufen fühlt und fremde Seelenvorgänge achtet[943], sondern vor allem, weil sich sein Tätigkeits-

936 57/1ff
937 57/4ff 15ff
938 58/8ff
939 57/9ff

940 59/34-60/3
941 53/29ff
942 58f
943 59/24ff

drang in der Kunst auslebt. Darum auch verwendet er sich für seinen Freund nicht unmittelbar durch eine persönliche Bitte bei seinem Gönner oder dem Fürsten, sondern legt sein Fürwort in die Dichtung[944]. Er lebt mehr in der Kunst als in der Wirklichkeit.

Trotz seiner Vorliebe für die "sonnige Oberfläche der Dinge"[945] ist er kein flacher Dichter. Ben Emin, ein "Kenner", der "besonders die Moral im Prachtgeschmeide der Dichtung" liebt, schöpft "den mannigfaltigsten Genuss" aus seinem Heldengedicht und reist sogar nach Ferrara, um den Dichter kennenzulernen[946]. "Meister Ludwig trug auf der Tafel seiner offenen Stirn das sittliche Gebot geschrieben, doch allerlei lustiges und luftiges Gesindel tanzte über die helle Wölbung und hauste in den dahinter liegenden geräumigen Kammern, ohne dass der Dichter selbst seine Mieter alle recht gekannt hätte[947]." Die Mischung von religiösem Ernst und schalkhafter Spielerei führen zu einer zwar wahren, aber ins Komische übertriebenen Darstellung der Wirklichkeit[948]. Auch die dunkle Seite des Lebens kommt zur Geltung, in Gesängen, "deren Grundstimmung ein heroischer Ernst und Ergebung im Leiden"[949] ist; aber "seiner Frohnatur gemäss" hebt er den Schmerz wieder auf mit der schalkhaften und grotesken Darstellung[950]. Die hellen Bilder[951] bestimmen jedoch den Grundton seiner Dichtung, wie der Gesang, der "nichts als Farbe, Lust und Leichtsinn" ist und in dem "das trunkene Leben über flatterndem Haar die lauten Becken"[952] schlägt.

Die Wirkung dieser Dichtung ist eine wohltätige. "Die schlanken Gestalten und herrlichen Entfaltungen" des Heldengedichts lassen "in der entzückten Seele des Blinden eine Sonne"[953] aufgehen. Und da es nicht nur Schönheit, sondern auch Wahrheit besitzt, vermag es auch ethisch zu wirken[954]. Aber es wirkt nicht in die Tiefe. Don Ferrantes Hass hat grösseren Einfluss auf Don Giulios Seele[955], und nur das "Geheimnis des heiligen Franziskus"[956] kann ihn im Tiefsten erfassen. Ariosts Dichtung ist mehr Erbauung[957] als aufrüttelndes, zur Selbstbesinnung zwingendes Erlebnis, weil er selbst "leicht beschwingt"[958] über die Probleme hinweggeht. Das Dichten ist ihm eine Erhöhung des Lebensgenusses, er freut sich an den Bildern seiner Phantasie und an der Gestaltungskraft seines Geistes, aber er verfolgt kein höheres Ziel mit seiner Kunst[959].

944 113/32ff
945 59/29
946 26/3ff
947 60/4ff
948 57/28f
949 57/22ff
950 57/26ff
951 59/19

952 58/2ff
953 57/17ff
954 59/18ff
955 60/15ff
956 117/13
957 26/6f
958 59/28
959 57/35-58/1

Ariost hält sich in einer glücklichen Mitte zwischen Kunst und Wirklichkeit: er lebt der Kunst, ohne doch das Leben zu vernachlässigen, und er pflegt den Lebensgenuss, ohne gegen das sittliche Gesetz zu verstossen. Er ist eine völlig lichte Gestalt, in Harmonie mit sich und der Welt.

Interpretation

Hutten

Den Zyklus der Huttengedichte bezeichnete Meyer als seinen "Erstling"[960], in ihm kam seine Eigenart zum ersten Mal zur Geltung. Im Reformator Hutten, der zugleich "Poet" war, fand er das Gleichnis für sein eigenes Schwanken zwischen Religion und Dichtkunst. Sein Hutten bemüht sich verzweifelt, ein echter Christ zu sein und die andern Götter und Mächte neben der christlichen Dreieinigkeit auszuschalten. Er macht alle Zustände von ergebener Ruhe bis zu tiefster Verzweiflung durch und erkämpft sich schliesslich die Annahme seines Schicksals und seines Todes, ohne zur Lösung des religiösen Grundkonflikts gelangt zu sein: er erreicht nur ein äusserliches Christentum. Die Rolle des Reformators ist die Hülle, die notdürftig den heidnischen Kern bedeckt, welcher vergeblich zur Entfaltung drängt. In seinem Gleichnis vom Felsenbad in Pfäffers[961] scheint der ketzerische Gedanke durch, dass er vielleicht zur Erlösung aus seinen Nöten käme, wenn er sich "keck" den heidnischen, das heisst aus christlicher Sicht: den teuflischen Mächten anvertrauen würde; denn der heidnische Begriff der "Unterwelt" und der christliche der "Hölle" bezeichnen beide das heilende Bad.

Die poetischen Anlagen erscheinen Hutten als heidnisch: der Wein, als berauschendes Getränk mit Bacchus assoziiert, bringt sie in sein Bewusstsein zusammen mit den verdrängten Sinnesfreuden. Die Poesie wird als anmutige Lüge bezeichnet und damit in Gegensatz zur göttlichen Wahrheit gesetzt. Auch die Bemerkung, dass die Poeten abergläubisch[962] sind, setzt die Dichtung in Beziehung mit dem Heidentum, und damit in den Bereich des Teufels. Hutten darf darum nicht eigentlich dichten, d.h. erfinden, er muss seine Gaben in den Dienst der Religion, d.h. der Wahrheit, stellen.

960 Frey Briefe II 518-523
961 H 59/XXII 2-6
962 H 45/XV 9

Die heidnische Künstleranlage in Meyer trägt in dieser Dichtung den Kampf mit dem Anspruch des Christentums aus, wie er es nach der Jugendkrise versteht.

Neben diesem Grundton der Dichtung erscheinen Elemente, die wie Fremdkörper in ihr eingeschlossen liegen: die Reichsidee und die Begeisterung für Ariost. Huttens Reichsidee ist die Fortführung einer kindlichen Phantasie Meyers, die in Kaiser Karl die göttliche Gerechtigkeit verkörpert sieht und durch ihn ein Reich des Friedens auf der Erde schafft[963]. In Ariost leuchtet die Anziehungskraft der reinen Dichtkunst und die Freude an der Form-vollendung auf. Beide, die Reichsidee und Ariost, deuten auf eine mögliche Lösung des religiösen Konflikts auf dem Boden einer diesseitigen Religiosität. Langsam, aber durch die Gestaltung gefördert, löst sich Meyer aus der engen Bindung an das Ideal des christlichen Künstlers: Hutten ist ein Sterbender, und mit ihm stirbt ein Teil der christlichen Bindung Meyers. Nur noch einmal, im "Amulett", ist das religiöse Element so stark im Vordergrund wie im "Hutten".

Die heidnische Richtung, die in Hutten mit der christlichen gerungen hat, hat die Oberhand gewonnen zur Zeit, da Meyer die Michelangelogedichte formt.

Michelangelo

In Michelangelo verkörpert Meyer seine Schaffensfreude, seine Lust an der vollkommenen Form, an der Überwindung der seelischen Qualen durch die Gestaltung ewig schöner Gebilde. Die Wirklichkeit ist an den Horizont seines Daseins entrückt, er geht auf in der Welt der Kunst. Zugleich aber beunruhigt ihn die Erkenntnis seiner menschlichen Unvollkommenheit, seines Unge-nügens gegenüber der christlichen Forderung. Er fordert Gott heraus, ihn nach seinem Bilde umzuformen; dies deutet an, dass er sich des Unterschiedes zwischen seiner Existenz und den Forderungen des christlichen Glaubens, die er doch anerkennt, wohl bewusst ist, aber im Grunde sich nicht ändern will. Bemerkenswert ist der wartende Charon: er verrät die Todesfurcht Meyers auch in einer Zeit, wo er auf der Höhe seiner Kraft steht.

Michelangelo ist die Fortentwicklung des welschen Meisters in "Engel-berg", der ebenfalls diesen Widerspruch an sich bemerkte und sich bei der Umdeutung beruhigte, Vollkommenes zu schaffen anstatt vollkommen zu sein. Sehr wahrscheinlich hat Meyer schon bei jener Gestalt Michelangelo

963 Betsy 57

vorgeschwebt. Aber in "Engelberg" bestanden der heidnische und der christliche Künstler noch mit gleichem Gewicht nebeneinander. Es ist jedoch bezeichnend für Meyer, dass auch Werner stirbt, wie alle Gestalten, welche die Merkmale des christlichen Künstlers ausgeprägt aufweisen: Meyer konnte sich ein Leben unter diesen Bedingungen nicht vorstellen.

Dante

Die "Hochzeit des Mönchs" bedeutet die Auseinandersetzung zwischen dem sinnlichen Wesen Meyers und seinem christlichen Überich.

Schon die Zeitgenossen haben den breiten Rahmen um die eigentliche Geschichte getadelt. Die Antworten, die Meyer zu seiner Verteidigung vorbrachte, geben den Schlüssel zum Verständnis dieser hochkomplizierten Novelle. An Heise schrieb er, sein Dante habe nichts mit dem grossen Dichter zu tun, sondern sei eine typische Figur und bedeute einfach Mittelalter. "Er dient ferner dazu, das Thema *herrisch* zu formulieren, woran mir, dieses Mal, liegen musste[964]." Das Mittelalter ist für Meyer gleichbedeutend mit der absoluten Macht der Kirche, das heisst mit der tyrannischen Herrschaft des christlichen Glaubens; unbewusst identifiziert er seine christliche Umgebung mit der geschichtlichen Epoche, wo dieselbe religiöse Unduldsamkeit geherrscht hat. Darum stammen alle seine Stoffe aus der Zeit des Umbruchs: auf deutschem Boden aus der Reformation, auf romanischem Boden aus der Renaissance. Seine Helden sind Männer, die sich aus dieser Bevormundung losringen und zu einem unabhängigen Standpunkt gelangen. Dante verkörpert also die christliche Bindung Meyers, die in seinem Gewissen verankert ist. In dieser Funktion richtet er in Ezzelin den Mönch, Meyers sinnliche Wesensart. Der Mönch ist die einzige Gestalt in der Geschichte, die keinen Bezug zum Rahmen hat. Weil der Mönch eine Möglichkeit Meyers darstellt, vor welcher er zittert, muss er dessen tragische Geschichte mit einem Rahmen umgeben, um sie sich "vom Leibe"[965] zu halten, und sie von Dante erzählen lassen, damit er sie "herrisch" formulieren, das heisst: damit er den Mönch ausdrücklich verurteilen kann.

Meyers Dante hat aber nicht nur eine Bedeutung im Hinblick auf die eigentliche Geschichte, er ist selbst Mittelpunkt in der Nebenhandlung des Rahmens. Es ist Meyer hier etwas ganz ähnliches geschehen, wie später in der "Angela Borgia": eine Nebenfigur wächst sich aus zu einem zweiten Helden.

964 M (App) 251
965 M (App) 251

Der Grund liegt in der Spaltung seiner Persönlichkeit, die von Anfang an latent vorhanden war, in Préfargier sich verdichtete, und über verschiedene Stadien, wo er sich erst dem christlichen, dann dem heidnischen Pol näherte, schliesslich manifest wurde. Hier, in der "Hochzeit des Mönchs", ist sie noch einigermassen vertuscht durch die Verschlingung von Geschichte und Rahmen, aber doch offenbar in den beiden Mittelpunkten – Dante / Mönch – die nicht die geringste Verwandtschaft miteinander haben. Dante-Ezzelin bedeutet das Überich Meyers, das noch die Oberhand behält, wenn auch nur durch die Ausübung einer Schreckensherrschaft. Er nennt sogar in einem Brief an Betsy die Stimmung in der Hauptgeschichte "eine explosive Luft"[966].

Dante als Hauptperson im Rahmen stellt wieder ein Selbstporträt Meyers dar. Die verächtliche Gleichgültigkeit Michelangelos gegen die Aussenwelt hat sich zu einer leicht grausamen Lust an berechnetem Spiel mit den Menschen entwickelt. Frey berichtet, dass Meyer sich öfters belustigte, ihn zu leidenschaftlichem Aufbrennen zu bringen, indem er "einen zweifelhaften Gesellen lobte oder verteidigte, von dem er mit Sicherheit voraussetzte oder wusste", dass er ihm gründlich zuwider war. Dann "weidete" er sich an seinem "roten Kopfe" und an seinen "gesalzenen Worten"[967].

Auch das leichte Improvisieren der Geschichte ist, unter Abrechnung der künstlerisch bedingten Zusammendrängung auf einen Abend, die Beschreibung von Meyers eigenem Dichten zu jener Zeit: er diktierte diese Novelle seinem Vetter "sozusagen aus dem Stegreif in die Feder", schrieb er an Wille[968]. Die Identifizierung mit Dante beleuchtet seinen Ehrgeiz, aber auch seine Ohnmacht: Dante lässt sich herab, eine Geschichte zur blossen Unterhaltung zu erzählen; sein eigentliches Dichten spielt sich auf einer höheren Ebene ab – d.h. das Höchste, was Meyer erreichen kann, ist für Dante eine Herablassung.

Wie im "Hutten", so sind auch hier zwei fremdartige Elemente, und sogar ganz ähnliche: die Reichsidee Huttens hat im Reich Friedrichs II. ihre Verkörperung gefunden, und der heitere Ariost lebt wieder auf in Ascanio. Auf ihn bezieht sich wohl die Äusserung Meyers an Calmberg, er habe in seine Novelle eine Figur hinein erfunden, "wohl die am meisten sympathische, die ich je gezeichnet habe". Ascanio und Germano sind die einzige Verbindung zwischen dem Mönch und Ezzelin: sie sind sowohl Astorres Jugendfreunde als auch die Günstlinge des Vogts; aber während Ascanio, wenn auch vergeblich, versucht, den Mönch zu retten, wird Germano aus einem Freund je länger je

966 M (App) 250
967 Frey 298f (stellvertretende Leiden-
       schaft)
968 M (App) 249

mehr zum Feind und tötet ihn schliesslich. Da nun Germano mit blinder Treue am Tyrannen hängt, Ascanio aber geistig zum menschlichen Reich Friedrichs gehört, darf geschlossen werden, dass die Treue Meyer zum Verhängnis wird, da sie ihn am Gewissen festhalten lässt, während die Menschlichkeit ihn retten könnte, wenn er ihr Gehör schenken würde. Wie im "Hutten" deutet sich eine Lösung an, aber nur am Rande.

Mit Dante nähert sich die Gestalt des Künstlers dem Mittelpunkt einer Dichtung, und damit dem Brennpunkt der Aufmerksamkeit. Hutten war im Zentrum, aber kein echter Dichter. Michelangelo war ein ausgeprägter Künstler, aber nur Gegenstand mehrerer Gedichte; Meyer hat Stoffe, die er nicht ausführlich behandeln wollte oder konnte, stets in Gedichten behandelt[969]. Dante endlich wird zur Hauptfigur eines Rahmens. Der nächste Schritt wäre eine Künstlernovelle gewesen. Meyer plante diese auch. Er wollte die Liebesschicksale Petrarcas und Lauras darstellen, aber er liess wieder davon ab: "Es ist nicht gut, wenn der Held einer Dichtung selber ein Dichter ist oder ein Maler oder Musiker", sagte er zu Frey[970]. Er konnte sich nicht so direkt darstellen, die Hemmungen waren zu stark — wie er ja auch trotz einem Anlauf dazu sich nie zur Gestaltung eines Stoffes aus der Gegenwart bringen konnte[971].

Ariost

In der "Angela Borgia" findet die Linie, die über Ariost im "Hutten" und Ascanio in der "Hochzeit des Mönchs" führte, ihren Fortgang in der Gestalt des Dichters Ariost. Diese Linie ist Meyers Neigung zu Epikur, die schon in der Beschreibung von dessen Büste zum Ausdruck kam[972], und sie wäre wahrscheinlich die Lebensauffassung gewesen, die Meyers Natur am ehesten entsprochen hätte. Aber Ariost versagt in der Tröstung des schweren Leides, das über Don Giulio hereingebrochen ist; doch auch das Geheimnis des heiligen Franziskus, das ihm Pater Mamette nahebringen möchte, kann ihn nicht aufrichten, obwohl es in grössere Tiefen zu dringen vermag; nur Angelas Liebe versöhnt ihn mit seinem Schicksal. In Ariost und Pater Mamette sind die beiden Persönlichkeitsaspekte Meyers zu einer gewissen Vollendung gelangt: die heidnische ist veredelt und die christliche verinnerlicht; alles Dogmatische ist abgefallen, und so sind sie einander eigentlich sehr nahe gekommen. Die schwere Erkrankung, die Meyer zwischen der "Hochzeit des

969 Friedrich II. zB   971 N 232ff
970 N 257   972 Frey Briefe I 60 Rom an Fv Wyss

Mönchs" und der "Angela Borgia" heimsuchte, hatte ihn milder und versöhnlicher gestimmt. Trotz allen Greueln ist in der "Angela Borgia" ein Ton resignierter Ergebung spürbar. Die Sinnlichkeit Meyers ist verkörpert in Don Giulio, und die Nacht, in die er durch seine Blendung stürzt, bedeutet die Umnachtung, die Meyer immer drohender vor sich sah, je älter er wurde. Auch er empfand seine Katastrophe als Strafe: er fürchtete, seine Geistesgaben missbraucht und sie deshalb verloren zu haben.

Die theoretische Lösung des Konfliktes zwischen heidnischer Poesie und christlicher Religiosität, wie sie sich in den Gestalten Ariosts und Pater Mamettes andeutet, war zu spät gekommen: die Abschnürung seiner drängenden Sinnlichkeit war schon zu weit fortgeschritten, sie musste als etwas Böses mit immer grösserem Kraftaufwand unterdrückt werden, bis die ohnehin nur schwer zusammengehaltene Persönlichkeitsstruktur zusammenbrach[973].

973 vgl. Ninck

SCHLUSS

Conrad Ferdinand Meyer ist in seinen theoretischen Ansichten über den Künstler in ungewöhnlichem Masse abhängig von seiner Zeit und seiner Umgebung. Diese Unselbständigkeit ist bedingt durch seine Erziehung, die den eigenen Willen und die eigene Persönlichkeit unterdrückt hatte. Die Jugendkrise führte zur Ausbildung einer starren Doktrin, die auch in die Dichtung Eingang gefunden hat infolge seiner vom Gedanklichen ausgehenden Schaffensweise. Nur wo Meyer sich nach langer Versenkung in eine Gestalt mit ihr identifiziert, spricht sich sein individuelles Erleben des Künstlerberufes aus.

Die Doktrin, die das Leben und Denken des Dichters beherrschte, besteht aus einer mittelalterlich anmutenden Weltschau, die den Künstler einspannt in den Kampf zwischen Himmel und Hölle. Die "hohe" Kunst, die vollendete Form und wahren Gehalt vereinigt, hält sich in der Mitte zwischen den beiden Mächten, aber auch in der Distanz zur Welt; der Künstler, der sich in ihrem Dienst vervollkommnet, ist ein Vermittler zwischen Göttlichem und Irdischem.

Die Entwicklung, die Meyer als Dichter durchgemacht hat, besteht wesentlich in der geringeren oder grösseren Entfernung von der einen Macht: der christlichen Gottheit. Die verschiedenen Möglichkeiten spiegeln sich in den verschiedenen Künstlertypen, die wirklich durchlebten Stadien in den porträtähnlichen Künstlergestalten.

Meyer ging aus von einer sehr engen und ängstlichen Bindung an das christliche Ideal, aus der er sich allmählich löste durch die Gestaltung des "Hutten". Zur Zeit der Michelangelogedichte hat er sich ziemlich weit vom Ideal des christlichen Künstlers entfernt und sich mehr oder weniger bewusst dem Ideal des heidnischen Künstlers zu nähern gesucht; das Christliche scheint er lange Zeit an den Rand seines Bewusstseins gedrängt zu haben. Aber mit zunehmendem Alter und besonders nach den ersten "Halsaffektionen" (85/86) übermannte ihn sein christliches Überich[974] und behielt schliesslich die Oberhand, ihn nach seinem Zusammenbruch völlig unterjochend.

Die Gründe für seinen Zusammenbruch lassen sich mithilfe der vorherrschenden Bildkomplexe zusammentragen. Sie umschreiben die beiden Sphären, die Meyers Leben bestimmten: die Religion und die Kunst. Die aufdringlichsten Bildkomplexe betreffen die beiden Mächte Gott und Satan. Zum Reich Gottes gehören die Wortfelder: Engel, blond und blauäugig, still,

---

974 Briefe an Bovet 14. I. 88 S. 139

Entsagung, Ernst, Trost, Kreuz, Stirnmal, Gericht, Wahrheit, Licht. Zum Reich Satans gehören: Teufel, schwarzes Haar und dunkle Augen, laut, Genuss, Tanz, Spiel, Berechnung, Spott, Grausamkeit, grausames Lächeln und Lächeln in den Mundwinkeln, Märchen, Zauber, Gaukelei, Lüge, Finsternis; eigentlich gehören dazu auch die klassischen Götter, besonders Bacchus, und die Naturdämonen, wie sie im "Hutten" erscheinen. Das Reich der Kunst liegt zwischen diesen beiden Polen. Je nach der Entscheidung des Künstlers kann es dem Reiche Gottes oder Satans zugehören.

Meyer hatte eine hohe Meinung von der Macht des Wortes und der Dichtung, der Kunst überhaupt[975]. Die Fähigkeit, eine Welt zu schaffen, machte den begabten Künstler in seinen Augen zu einem gottähnlichen Wesen. Die Schöpfergabe erschien ihm wie Zauber — ein Wort, das er auch oft gebraucht im Zusammenhang mit der Macht, die ein Kunstwerk auf die Seele ausübt[976]. Dieser Zaubermacht verdankte er seine Rettung, was er im Gedicht "Fingerhütchen" gestaltete; die magische Macht des Dichters kommt auch im Gedicht "Sonntags" zum Ausdruck. Er kam aber damit in gefährliche Nähe des dämonischen Künstlers, der diese Macht für eigene Zwecke missbraucht und somit dem Satan verfallen ist. Das Gedicht "Miltons Rache" und sein Dante in der "Hochzeit des Mönchs" lassen vermuten, dass er in ähnlicher Weise verfuhr und sich heimlich an missliebigen Personen rächte. Die Gestalten, die nach den Bildkomplexen zum Reich Satans gehören, zogen ihn unwiderstehlich an, sie sind deshalb auch meist interessanter als die oft blass und schemenhaft wirkenden guten Menschen; in seiner letzten Novelle, wo seine Gestaltungskraft schon zu versagen begann, dominiert die lasterhafte Lucrezia über die tugendhafte Titelheldin.

In seinem Bewusstsein hielt sich Meyer an die priesterliche Mittlerrolle des Künstlers, die in den Gedichten "Die Vestalin" und "Firnelicht" symbolisch ausgedrückt ist; diese Auffassung ist in den Briefen ausgesprochen. In der Briefstelle allerdings, wo er sich mit einem Menschen vergleicht, der eine kostbare Vase durch eine gleichgültige Menge trägt[977], ist er dem reinen Artistentum sehr nahe. Da er zu Bovet oft ganz ungewöhnlich offen war, ist diese Äusserung seinem Erleben wohl näher.

Das tiefste Gleichnis für sein Künstlertum ist der Schwimmer über dem Abgrund. Es taucht bei Hutten auf, der das Schwimmen dem Leben des erwachsenen Mannes vergleicht: "Er weiss es, wenn er ringt und wenn er strebt, / Dass er auf einer Todestiefe schwebt[978]!" In den Michelangelo-

975 Briefe an Wille 25. XI. 87 S. 194
    Das Gedicht "Die Gaukler"
    H III/XXVIII/XXXI

976 H XXVII 11/12
977 zB an Bovet 24. VI. 77 S. 129
978 H 64/XXIII 27

gedichten, zu einer Zeit, da Meyer sich verhältnismässig gefestigt fühlt, ist es doch angedeutet im Bild des im Schilfe wartenden Charon[979]. Die Assoziation des Abgrunds ist gegeben bei Dante, wenn er die beiden Frauen auf der Schaukel seines Märchens wiegt[980], denn "schaukeln" ist bei Meyer das Schaukeln über einem Abgrund[981]. Auch Ariost steht in Verbindung mit dem Bild des Schwimmers: er scheut die Tiefe und strebt immer wieder auf die sonnige Oberfläche der Dinge zurück[982]. Am deutlichsten ist das Gleichnis von seinem Künstlertum ausgeprägt im Gedicht "Camoens"[983]; bezeichnenderweise steht es am Anfang der Abteilung "Genie". Hier ist das Meer dem Leben gleichgesetzt. Noch viel bezeichnender ist eine Stelle aus dem Nachlass, wo Meyer über Friedrichs Phantasie sagt, sie "war ein offenes blaues Meer, in welchem er wie Odysscus mit gelassenen starken Armen ruderte, bald ein auftauchendes Ungetüm betrachtend, bald an dem schlanken Wuchs einer spielenden Nereide sich erfreuend, ohne je zwischen den tiefen Farben des Himmels und der Flut den zarten Umriss der erstrebten Bucht aus dem Blicke zu lassen[984]." Auf der Höhe seines Schaffens strebt Meyer in der Mitte zwischen der Hingabe an das Heilige und dem Abgrund seiner Seele der Erlösung zu, aber dieses Streben ist nicht ohne spielerische Freude am Verweilen in dieser gefährlichen Umgebung und an seiner Kraft, die Gefahr zu ertragen. Das Bindeglied zwischen diesen Bildern und dem Erleben ist das Gedicht "Nicola Pesce"[985]: es erinnert an Meyers jugendliche Leidenschaft des einsamen Schwimmens im Zürcher See, an sein Versinken in der Phantasie.

Von hier aus gewinnen Betsys Äusserungen über seine Naturverbundenheit[986] Gewicht: er konnte sich traumartig in die Natur versenken und sich ihr verwandt fühlen. In einem Brief an Lina Frey spricht sie von seinem Sonnenglauben, der "sein ursprüngliches Heidentum war" und "der natürliche Untergrund seiner Poesie" blieb[987]. Der griechische Sonnengott war ja identisch mit Apoll, dem Gott der Dichtung und der Kunst[988]. Er hat in seiner Dichtung die Poesie fast immer als etwas Heidnisches hingestellt; wenn er sich also als Dichter fühlte, fühlte er heidnisch.

In seiner besten Schaffenszeit hat er sich diesem Urgrund seines Wesens überlassen, obwohl er das christliche Gewissen nie ganz abwerfen konnte, auch nicht als Dichter. Der Widerstreit dieser unvereinbaren Existenzgrundlagen hat ihn immer mehr dazu geführt, Leben und Dichten voneinander

979 G 331/17
980 M 64/26f
981 P 237/16f
982 An 59/28f
983 G 329f/26-35

984 N 274
985 hist.-krit. Ausg. Bd 3 S. 357/358
986 Betsy 182/183/189/190
987 Corona Jg. 8 Heft 4 1938 S. 455
988 vgl. das Gedicht "Novembersonne"

zu trennen und im Leben eine Maske zu tragen. Dies verschärfte die Ungewissheit über die letzten Dinge: Sein und Schein, Wahrheit und Lüge, Gut und Böse begannen die Grenzen zu verlieren. Das Gedicht "Möwenflug" und die Stoffe des "Heiligen", des "Plautus", des "Pagen", des "Pescara" und ganz besonders des "Pseudoisidor" bezeugen diesen Prozess, der im Zusammenbruch völlig ausgebildet zu Tage trat: wie er selbst im Gedicht "Der geisteskranke Poet"[989] bezeugt, konnte er Leben und Traum nicht mehr auseinanderhalten, er wusste nicht mehr, was Wahrheit war, und Zeit und Raum war ihm verwirrt. Schlimmer noch als in der Jugendkrise hatte er sich nicht nur aus der Wirklichkeit zurückgezogen, er wusste nicht mehr, was Wirklichkeit war.

In der Alterspsychose[990] wiederholten sich die Symptome der Jugendkrise in weit verstärktem Masse: er benimmt sich nicht nur wie ein hilfloses Kind, er wird es zeitweilig auch körperlich wieder. Wilde Tiere, Leoparden und Schlangen warten in seinem Zimmer auf ihn: seine verdrängte Sinnlichkeit ist etwas ausser ihm Existierendes geworden, das ihn von aussen bedroht, nicht nur in den Träumen wie in seiner Kindheit. Wieder hat er den Eindruck, er habe einen abstossenden Geruch an sich, was Kielholz als Bewusstsein unmässigen Stolzes auslegt; er behauptet jetzt auch, seine Leibeshöhle sei völlig von Unrat ausgemauert, d.h. er hält sich für innerlich hohl und schmutzig: dies weist auf die dämonischen Künstlertypen und die Befürchtung, er habe sich mit seiner Dichtung im Reiche Satans befunden.

Diese Deutung wird gestützt durch Spätgedichte. In "Der geisteskranke Poet" sagt er, er habe seine Schwerter verloren, und weiter unten, es werde ihm schreckliche Schuld gegeben. Es ist naheliegend, die beiden Aussagen zu verbinden: weil er schuldig ist, hat er seine Schwerter, d.h. seine Geistesgaben[991], verloren. Er zieht diesen Schluss hier nicht, aber in einem anderen Gedicht sagt er es indirekt:

"Ich freue mich, dass ich auf dieser Welt
Mich nie den bösen Menschen zugesellt:
Dass ich das Gute suchte je und je,
Und nie geruht, bis ich es fand und übte,
Dass ich kein Kind mit meinem Lied betrübte,
Dass ein Gewissen, unbefleckt und rein,
Ich stets bewahrt und meines Herzens Schrein

989 Bressler 321
990 Kielholz 273/274
991 H V 7/8

Ich nur geöffnet schuldlosen Gedanken,
Den wahren Wegen treu blieb ohne Wanken:
So werden mir dereinst im ewgen Leben
Die hellen Waffen all' zurückgegeben[992]."

Er versucht, seine geängstete Seele zu beruhigen: du warst doch gut, also werden dir einst deine Geisteskräfte zurückgegeben werden; dahinter liegt die uneingestandene Furcht, seine Gaben missbraucht und zur Strafe verloren zu haben. Das Gefühl der Schuld ist so stark, dass er ständig Richter und Henker erwartet, die ihn für seine Taten oder die eines Doppelgängers verurteilen werden. Das Gericht spielt ja schon in seinen Werken eine grosse Rolle[993]: er dichtete dauernd unter der Kontrolle seines christlichen Gewissens, das seine poetische Tätigkeit als heidnisch und seine Phantasie als ausschweifend und lasterhaft verurteilte. Man kann sich des Eindrucks nicht erwehren, dass die Warnung Dr. Borrels, er werde seine Seele, seinen Verstand und sein Leben verlieren, wenn er seine künstlerische Begabung nur zu seinem eigenen Vergnügen ausbilde, in seinem Gewissen fortgelebt hat. Das Bild des Schwimmers zeigt nun aber gerade, dass er zu seinem Vergnügen gedichtet hat und dass die Idee der priesterlichen Mittlerrolle des Künstlers nicht eigentlich erlebt war, sondern eine notwendige Maske war, hinter der er tun und lassen konnte, was er wollte. Als er im Alter erlahmte, gewann sein Gewissen Macht über ihn und zog ihn zur Rechenschaft. Er stellte sich auf dessen Seite, um sich zu retten.

Trotzdem verliess ihn wohl ein gewisses Bewusstsein seines wahren Selbst nicht ganz. Im Gedicht "Der geisteskranke Poet" heisst es: ". . . selbst in den Stücken des zerbrochenen Spiegels / Sieht man das Flattern eines Flügels". Flügel oder Schwingen symbolisieren die Freiheit der poetischen Seele[994]. Sie ist also erhalten, trotzdem der Spiegel, d.h. das Gefäss der Seele, zerbrochen ist. Wenn man die Beschreibung seiner letzten Lebensjahre und die Spätgedichte liest, bekommt man den Eindruck, er habe geduldig und im Bewusstsein seiner Gebrochenheit und Schwäche auf das Ende gewartet, im Glauben, die vollen Seelen- und Geisteskräfte im Jenseits wieder zu erhalten.

992 "Leuchtende Saat" 73
993 vgl. das Gedicht "Unter den Sternen"

994 vgl. die Gedichte
   "Zur neuen Auflage" 3/4/7/8
   "Schutzgeister" 35-40

LITERATURVERZEICHNIS

Werke

Meyer, C.F. "Sämtliche Werke". Historisch-kritische Ausgabe hg. v. H. Zeller und A. Zäch, Zürich
Meyer, C.F. "Huttens letzte Tage". 94.-103. Auflage, Leipzig 1920
Meyer, C.F. "Huttens letzte Tage". An Historical-Critical Edition by Robert Bruce, Roulston, Baltimore 1933
Meyer, C.F. "Engelberg". 3. Aufl. Leipzig 1889
Moser, Heinrich. "Wandlungen der Gedichte Conrad Ferdinand Meyers". Leipzig 1900
Henel, Heinrich. "Gedichte Conrad Ferdinand Meyers. Wege ihrer Vollendung". Tübingen 1962
Frey, A. "C.F. Meyer. Unvollendete Prosadichtungen", Teil I Leipzig 1916
Kempter, Fr. "C.F. Meyer. Leuchtende Saat". Engelberg/Württemberg 1951

Briefe

Meyer, C.F. "Briefe". Hg. v. Adolf Frey, Leipzig 1908
Meyer, C.F. und Rodenberg J. "Ein Briefwechsel". Hg. v. August Langmesser, Berlin 1918
Meyer, C.F. und von François L. "Ein Briefwechsel". Hg. v. Anton Bettelheim, Berlin 1905
D'Harcourt, R. "C.F. Meyer. La Crise de 1852-1856". Paris 1913 – "Lettres de C.F. Meyer et de son entourage".

Biographisches

Meyer, B. "C.F. Meyer in der Erinnerung seiner Schwester". Berlin 1903
Meyer, B. "Erinnerungsblätter". (Frühlingsbrief). Mitgeteilt von J. Rodenberg in "Das literarische Echo" 15. Jg. Heft 1, Oktober 1912
Frey, A. "C.F. Meyer. Sein Leben und seine Werke". 3. Aufl. Stuttgart Berlin 1919
Koegel, F. "Bei Conrad Ferdinand Meyer". In "Die Rheinlande" 1. Jg. Heft 1, S. 32ff. 1900
Kielholz, A. "C.F. Meyer und seine Beziehungen zu Königsfelden". In "Monatsschrift für Psychiatrie und Neurologie", Bd. 109/4-6, 1944
v. Stern, M.R. "Über C.F. Meyers Zustand". In "Magazin für Litteratur". Berlin 1892 Jg. 61 Nr. 37 S. 598

Forschungsberichte

Corrodi, H. "C.F.Meyers Bild im Spiegel literaturwissenschaftlicher Erkenntnis". In "Schweiz. Monatshefte für Politik und Kultur" 3. Jg, 1923-1924.
Pongs, H. "Der Kampf um die Auffassung C.F. Meyers". In "Zeitschrift für Deutschkunde" Jg. 41. der "Zeitschrift für den Deutschunterricht", Leipzig Berlin 1927
Konrad, G. "C.F. Meyer – ein Forschungsbericht". In "Der Deutschunterricht" 3/2, S. 72-81, Stuttgart 1951
Oberle, W. "C.F. Meyer. Ein Forschungsbericht" Sonderdruck aus "Germanisch-Romanische Monatsschrift" Neue Folge, Bd. VI, H. 3, Juli 1956

Aufsätze und Monographien

Stössl, O. "Conrad Ferdinand Meyer". In "Die Literatur" 25, Berlin 1906

Baumgarten, Franz F. "Das Werk C.F. Meyers". ("Renaissance Empfinden und Stilkunst".) Hg. v. H. Schuhmacher, Zürich 1948

Henel, H. "The Poetry of C.F. Meyer". Madison 1954

Hohenstein, L. "Conrad Ferdinand Meyer". Bonn 1957

Wiesmann, L. "C.F. Meyer. Der Dichter des Todes und der Maske". Bern 1958

Köhler, W. "C.F. Meyer als religiöser Charakter". Jena 1911

Bressler, H.G. "Gedichte aus C.F. Meyers Spätkrankheit". In "Monatsschrift für Psychiatrie und Neurologie". Bd. 125 Heft 5/6 1953 S. 320ff.

Sadger, J. "C.F. Meyer. Eine pathographisch-psychologische Studie". In "Grenzfragen des Nerven- und Seelenlebens", Wiesbaden 1908.

Lusser, Karl E. "C.F. Meyer, das Problem seiner Jugend". Leipzig 1926

Ninck, M. "Wandlungen eines Dichters aus seiner Handschrift". In "Zeitschrift für Menschenkunde" 1931-1932, 7/ "Zentralblatt für Graphologie" II, 2, Leipzig 1931

Hirzel, B. "C.F. Meyer und die Zürcher Stadtbibliothek". Sonderdruck aus "Festgabe Hermann Escher" 1927

Nussberger, M. "Zum Problem der historischen Treue bei C.F. Meyer" Frauenfeld/ Leipzig 1933

von Albrecht, M. "C.F. Meyer und die Antike". In "Antike und Abendland" Bd. XI., Hamburg 1962

Kalischer, E. "C.F. Meyer in seinem Verhältnis zur italienischen Renaissance". In "Palaestra" 64, Berlin 1907

STELLENNACHWEISE

Abkürzungen

An "Angela Borgia"
E "Engelberg"
G "Gedichte"
H "Huttens letzte Tage"
Hl "Der Heilige"
J "Jürg Jenatsch"
K "Das Leiden eines Knaben"
M "Die Hochzeit des Mönchs"
N Nachlass hg v Frey
P "Die Versuchung des Pescara"
R "Die Richterin"
Pl "Plautus im Nonnenkloster"

Betsy: Erinnerungen (siehe Literaturverzeichnis)
Crise: D'Harcourt (siehe Literaturverzeichnis)
Frey: Biographie (siehe Literaturverzeichnis)

Hutten: Seitenzahl/Gedichtnummer/Verszahl
Michelangelo: Seitenzahl/Verszahl
Dante: Seitenzahl/Druckzeile
Ariost: Seitenzahl/Druckzeile

Nr. 23   Martin Kraft, Zürich: Studien zur Thematik von Max Frischs Roman "Mein Name sei Gantenbein". 84 S. 1970. sFr. 20.–

Nr. 24   Wilhelm Resenhöfft, Kiel: Existenzerhellung des Hexentums in Goethes "Faust" (Mephistos Masken, Walpurgis) Grundlinien axiomatisch-psychologischer Deutung. 128 S. 1970. sFr. 20.–

Nr. 25   Wolfgang W. Moelleken, Davis/USA: "Der Stricker: Von übelen wiben". 68 S. 1970. sFr. 22.–

Nr. 26   Vera Debluë, Zürich: Anima naturaliter ironica – Die Ironie in Wesen und Werk Heinrich Heines. 100 S. 1970. sFr. 24.–

Nr. 27   Hans-Wilhelm Kelling, Stanford/USA: The Idolatry of Poetic Genius in German Goethe Criticism. 200 p. 1970 sFr. 30.–

Nr. 28   Armin Schlienger, Zürich: Das Komische in den Komödien des Andreas Gryphius. Ein Beitrag zu Ernst und Scherz im Barocktheater. 316 S. 1970. sFr. 35.–

Nr. 29   Marianne Frey, Bern: Der Künstler und sein Werk bei W.H. Wackenroder und E.T.A. Hoffmann. Vergleichende Studien zur romantischen Kunstanschauung. 216 S. 1970. sFr. 28.–

Nr. 30   C.A.M. Noble, Belfast: Krankheit, Verbrechen und künstlerisches Schaffen bei Thomas Mann. 268 S. 1970. sFr. 37.–

Nr. 31   Eberhard Frey, Waltham/USA: Franz Kafkas Erzählstil. Eine Demonstration neuer stilanalytischer Methoden an Kafkas Erzählung "Ein Hungerkünstler". 382 S. 1970. sFr. 32.–

Nr. 32   Raymond Lauener, Neuchâtel: Robert Walser ou la Primauté du Jeu. 532 p. 1970. sFr. 60.–

Nr. 33   Samuel Berr, New York: An Etymological Glossary to the Old Saxon Heliand. 480 p. 1970. sFr. 78.– / $ 18.–

Nr. 34   Erwin Frank Ritter, Wisconsin: Johann Baptist von Alxinger and the Austrian Enlightenment. 176 S. 1970. sFr. 30.–

Nr. 35   Felix Thurner, Fribourg: Albert Paris Gütersloh – Studien zu seinem Romanwerk. 220 S. 1970. sFr. 28.–

Nr. 36   Klaus Wille, Tübingen: Die Signatur der Melancholie im Werk Clemens Brentanos. 208 S. 1970. sFr. 30.–

Nr. 37   Andreas Oplatka, Zürich: Aufbauform und Stilwandel in den Dramen Grillparzers. 104 S. 1970. sFr. 20.–

Nr. 38   Hans-Dieter Brückner, Claremont: Heldengestaltung im Prosawerk Conrad Ferdinand Meyers. 102 S. 1970. sFr. 20.–

Nr. 39   Josef Helbling, Zürich: Albrecht von Haller als Dichter. 164 S. 1970. sFr. 36.–

Nr. 40   Lothar Georg Seeger, Washington: The "Unwed Mother" as a Symbol of Social Consciousness in the Writings of J.G. Schlosser, Justus Möser, and J.H. Pestalozzi. 36 p. 1970. sFr. 8.80

Nr. 41   Eduard Mäder, Freiburg: Der Streit der "Töchter Gottes" – Zur Geschichte eines allegorischen Motivs. 136 S. 1971. sFr. 25.–

Nr. 42   Christian Ruosch, Freiburg: Die phantastisch-surreale Welt im Werke Paul Scheerbarts. 136 S. 1970. sFr. 24.–

Nr. 43   Maria Pospischil Alter, Maryland/USA: The Concept of Physician in the Writings of Hans Carossa and Arthur Schnitzler. 104 p. 1971. sFr. 21.50

Nr. 44   Vereni Fässler, Zürich: Hell-Dunkel in der barocken Dichtung – Studien zum Hell-Dunkel bei Johann Klaj, Andreas Gryphius und Catharina Regina von Greiffenberg. 96 S. 1971. sFr. 20.–

Nr. 45   Charlotte W. Ghurye, Terre Haute, Indiana/USA: The Movement Toward a New Social and Political Consciousness in Postwar German Prose. 128 p. 1971. sFr. 28.–

Nr. 46   Manfred A. Poitzsch, Minneapolis, Minnesota/USA: Zeitgenössische Persiflagen auf C.M. Wieland und seine Schriften. sFr. 40.– (In Vorbereitung/In Preparation)